A Execução Fiscal e o Princípio da Eficiência

da ação judicial à cobrança administrativa

Leonardo Brandão Rocha
Procurador do Município de Contagem.
Mestre em Direito Público pela Universidade Fumec.
Especialista em processo pela Puc Minas.

A Execução Fiscal e o Princípio da Eficiência

da ação judicial à cobrança administrativa

editora Del Rey

Belo Horizonte

2022

EDITORA DEL REY LTDA.
www.livrariadelrey.com.br

Editor: Arnaldo Oliveira

Editor Adjunto: Ricardo A. Malheiros Fiuza (*in memoriam*)

Coordenação Editorial: Letícia Neves

Diagramação e revisão: Know-how Editorial

Capa: JP Designer

Editora:
Rua dos Goitacazes, 71 – Lojas 20 a 24
Centro – Belo Horizonte – MG
CEP 30190-050

Comercial:
Tel.: (31) 3284-3284 / 3293-8233
vendas@editoradelrey.com.br

Editorial:
editorial@editoradelrey.com.br

R672e Rocha, Leonardo Brandão
A execução fiscal e o princípio da eficiência: da ação judicial à cobrança administrativa / Leonardo Brandão Rocha.-- Belo Horizonte : Del Rey, 2022.
174 p.

ISBN: 978-65-00-52631-8

1. Direito tributário - Brasil. 2. Execução fiscal - Brasil. 3. Dívida ativa - Brasil. I. Título.

CDU: 336.2(81)

Junio Martins Lourenço – Bibliotecário – CRB-6/3167

Trabalho dedicado à minha mãe, Rozamélia,
que, apesar de não estar fisicamente presente,
continua a me acompanhar e a me inspirar
em todos os instantes da minha vida.

AGRADECIMENTOS

Agradeço a Deus pelo dom da vida, pela saúde e disposição para continuar aprendendo.

Aos meus pais, José Geraldo e Rozamélia, fomentadores da minha formação educacional e incentivadores do meu aprimoramento profissional.

À minha esposa, Lucianna, sempre companheira e compreensiva quanto à ausência para as pesquisas e redação da obra.

Aos meus filhos, Clara e Gabriel, fontes inesgotáveis de amor.

A toda a minha família e amigos, pelo apoio e incentivo.

Aos Profs. Drs. Carlos Victor Muzzi Filho e Marcelo Jabour Rios, vigas-mestre dos conhecimentos adquiridos e participantes ativos da formatação da obra.

"O modelo brasileiro de cobrança judicial de créditos tributários, plasmado na Lei nº 6.830, de 22 de setembro de 1980, que dispõe sobre a cobrança judicial da Dívida Ativa da Fazenda Pública e dá outras providências, esgota-se pela própria seiva."

Arnaldo Sampaio de Moraes Godoy

PREFÁCIO

A obra trazida a lume, a qual tenho a honra de prefaciar, propõe perscrutar tema sensível e relevante para a ciência do direito, que envolve a higidez financeira dos entes tributantes e os anseios da sociedade brasileira, que almeja retorno satisfatório da elevada carga tributária nacional.

É cediço que a Constituição Republicana de 1988 consolidou o processo de redemocratização do Brasil, após um longo período de inclemente ditadura militar, e estabeleceu um Estado Democrático de Direito norteado pelo respeito à dignidade da pessoa humana.

Por essa razão, o estatuto fundante fortaleceu os direitos e garantias dos cidadãos e ampliou o rol dos direitos sociais assegurados a todos, em especial o direito à saúde, à educação, à segurança, à previdência social, à moradia, dentre outros.

Naturalmente, os custos para atingir os desígnios constitucionais são altos, e, para alcançá-los, foi idealizado um robusto sistema tributário, comprometido em estabelecer múltiplas competências para os entes da federação, solidárias regras de repartição das receitas arrecadadas e, como contrapeso, lídimas limitações ao poder de tributar, para combater os excessos e a voracidade fiscal.

Nesse contexto, estabelecidas as competências tributárias e instituídos os tributos, as exações deverão ser exigidas pelos sujeitos ativos da obrigação tributária, com sobriedade e rigidez, com o objetivo último de dar efetividade aos direitos e garantias do cidadão, consignados na Carta Magna.

Ademais, conforme nos ensinam as clássicas lições do ilustre professor alemão Klaus Tipke, a distribuição justa da carga fiscal a cada um dos cidadãos é um imperativo da ética, cabendo ao Estado zelar por regras justas, executando-as em prol de proteger os cidadãos da injustiça.

A despeito da má qualidade do crédito tributário nacional, afetado por fenômenos complexos, que servem de pano de fundo tanto para o devedor contumaz quanto para o contribuinte que se insurge contra os desrespeitos aos princípios que norteiam a tributação, é papel do Estado lutar pelo recebimento dos tributos não recolhidos ao erário, nos limites e contornos do ordenamento jurídico que rege a matéria, entretanto, conforme se propõe, de forma eficaz.

É disso que trata a obra, em síntese, considerando que o autor se compromete a analisar a ação de execução fiscal, sob a perspectiva do princípio da eficiência, como instrumento maculado na recuperação de crédito fiscal, além de sugerir revisitar as veredas de sua cobrança em fase administrativa, que antecede a judicial.

Instigado a avaliar o panorama dos países latino-americanos – que padecem de mal semelhante, qual seja, a ineficácia na recuperação dos créditos tributários –, o autor incluiu análises dos procedimentos adotados pela Argentina, Peru e Chile, tendo sido destacadas as reformulações legislativas deste último, que poderão contribuir em eventual processo reformador da cobrança do crédito tributário brasileiro.

A novidade trazida à baila, digna de nota, reside ainda no fato de a pesquisa ir além dos temas usualmente explorados pela doutrina nacional, abordando os métodos alternativos de resoluções de conflitos; os limites do combate à sonegação fiscal *versus* a criminalização da atividade econômica; e a crítica ao sistema judiciário, notadamente em razão da morosidade dos ritos processuais.

Este estudo valoroso dirige especial atenção para os fundamentos que ensejam o insucesso da recuperação dos créditos tributários por meio das ações de execução fiscal, quer seja pela argumentação de deslegitimação do objeto analisado, bem como pelas deficiências existentes, e persistentes, sob os auspícios dos poderes legislativo, executivo e judiciário.

É sobre isso que nos instiga a pensar o outrora exímio aluno de direito deste prefaciador, hoje competente mestre no tema que se propôs a pesquisar, ao trazer também à luz uma análise quantitativa e qualitativa do índice de participação da ação de execução fiscal no acervo de processos pendentes de julgamento no poder judiciário.

E vai além, ao propor que, após os eficazes esforços, o valor recuperado devesse guardar estreita relação com a destinação para a implementação de políticas públicas norteadas pela preservação e efetivação dos direitos e garantias fundamentais assegurados aos cidadãos da República Federativa do Brasil.

São sábias as conclusões que demonstram o déficit democrático na elaboração das normas, na discussão das políticas públicas, na alocação dos tributos arrecadados, quer sejam eles decorrentes do pagamento voluntário das exações ou fruto da recuperação judicial/administrativa dos créditos tributários.

Propõe, ao cabo, a revisão do procedimento de forma a valorizá-lo e potencializá-lo, fundado em saber que decorre de sua experiência profissional, na Procuradoria do Município de Contagem.

Sugere, por fim, uma nova metodologia de atuação na fase administrativa, que antecede a judicialização do tema, amplamente democrática, cientificamente acompanhada de instrumentos constritivos e/ou restritivos e verdadeiramente comprometida com a transparência fiscal.

Desejo a todos o prazer por mim alcançado na leitura da obra.

Marcelo Jabour

Doutor em Direito
pela Faculdade de Direito da USP.
Pós-Doutoramento pela Universidade
de Salamanca/Espanha.

APRESENTAÇÃO

Este livro é fruto de pesquisa desenvolvida no Programa de Pós-Graduação em Direito da Universidade Fumec, por meio da qual Leonardo Brandão Rocha obteve o título de Mestre em Direito. O trabalho tem a grande virtude de conjugar a vivência prática do autor, que muito bem exerce o cargo de Procurador Municipal de Contagem, de atuação intensa na seara tributária, com a reflexão acadêmica cuidadosa e refinada.

A execução fiscal e o princípio da eficiência: da ação judicial à cobrança administrativa destina-se, portanto, a uma vasta gama de leitores, que vai desde aqueles que, na prática, procuram mecanismos para tornar mais eficiente a cobrança do crédito tributário até aqueles que buscam compreender de forma mais ampla as razões para o desprestígio do processo judicial de execução fiscal, bem situando, assim, a opção por outras formas de satisfazer o crédito tributário. Nesse cenário, Leonardo disserta com elegância no estilo e profundidade no conteúdo, não apenas para sustentar suas teses, mas ainda para discutir e refutar, com o necessário respeito acadêmico, as posições contrárias.

A estrutura da obra é mais uma demonstração da seriedade da pesquisa levada a cabo, porque se inicia com análise ampliada da chamada "judicialização", passando, em seguida, para exame da realidade da ação de execução fiscal, com pesquisa assentada em números reais e efetivos dessa ação. Esses capítulos permitem, então, que se forme preciso diagnóstico sobre o tema-problema.

Em seguida, passando ao âmago do tema-problema, o autor relaciona o diagnóstico feito com o princípio constitucional da eficiência, bem embasado em robusta base teórica, que permite, finalmente, examinar o que é chamado de "contrafluxo da cobrança do crédito tributário", capítulo no qual são examinados os principais mecanismos de "cobrança administrativa".

Enfim, se, como afirmou Geraldo Ataliba, em prefácio à primeira edição da obra clássica de Misabel Abreu Machado Derzi (*Direito tributário*, direito penal e tipo. 1. ed. São Paulo: Revista dos Tribunais, 1988), "não há nada mais prático do que uma boa teoria", Leonardo Brandão Rocha brinda o leitor com uma obra prática porque muito bem construída teoricamente. Boa leitura, então!

Professor Doutor *Carlos Victor Muzzi Filho*

Programa de Pós-Graduação
em Direito da Universidade Fumec.

SUMÁRIO

INTRODUÇÃO 1

Capítulo 1

CRESCENTE JUDICIALIZAÇÃO DOS CONFLITOS 5

1.1 A judicialização e o Judiciário. Análise dos efeitos perniciosos daquela 11

1.2 Descrédito das funções estatais, e não só do Judiciário. Uma questão de (i)legitimidade e (des)legitimação 14

1.2.1 Análise sob a perspectiva legislativa 18

1.2.2 Análise sob a perspectiva jurisdicional 25

1.2.3 Análise sob a perspectiva executiva 31

1.2.4 Conclusão parcial. Crise de legitimidade e legitimação das funções estatais 36

Capítulo 2

A AÇÃO DE EXECUÇÃO FISCAL 43

2.1 Lei 6.830/80 43

2.1.1 Contexto histórico 47

2.2 A ação de execução fiscal em números 51

Capítulo 3
PRINCÍPIOS DA EFICIÊNCIA E DO DEVIDO PROCESSO LEGAL....... 57
3.1 Princípio da eficiência ... 58
3.1.1 Ineficiência da ação de execução fiscal ao fim arrecadatório...... 65
3.2 Princípio do devido processo legal ... 75

Capítulo 4
O CONTRAFLUXO DA COBRANÇA DO CRÉDITO TRIBUTÁRIO...... 79
4.1 Cobrança administrativa ... 82
4.1.1 Protesto de certidão de dívida ativa ... 82
4.1.2 Transação tributária ... 88
4.1.3 Regime diferenciado de cobrança de créditos ... 91
4.1.4 Cadastro informativo de créditos não quitados do setor público federal ... 93
4.1.5 Demais atuações estritamente administrativas para a cobrança tributária ... 94
4.1.6 Procedimento de execução fiscal afeto à Procuradoria-Geral da Fazenda Nacional. Lei 10.522/02. Análise sob a perspectiva do devido processo legal ... 96
4.1.6.1 Averbação pré-executória ... 96
4.1.6.2 Ajuizamento seletivo ... 111
4.1.6.3 Demais institutos correlacionados ao intuito da Lei 10.522/02 ... 113
4.2 Cobrança administrativa no direito comparado. Chile, Peru e Argentina ... 115
4.2.1 Modelo chileno ... 116
4.2.2 A experiência peruana ... 121
4.2.3 Sistemática argentina ... 125
4.2.4 Conclusão parcial ... 130

CONCLUSÃO ... 133

REFERÊNCIAS ... 139

INTRODUÇÃO

Este livro é fruto de dissertação defendida no ano de 2020 na Universidade Fumec, à qual se adicionaram novas informações desde a referida data e mais recentes reflexões acerca do tema.

O objetivo traçado é a realização de um panorama macro a respeito da ação de execução fiscal, servível não somente a estudantes de Direito, mas igualmente fonte de consulta para todos os profissionais da área.

A crise experimentada pelo Judiciário tem diversos efeitos sociais deletérios, de forma que as consequências jurídicas são facilmente perceptíveis, uma vez que a realidade gera repercussão desde o seu órgão de cúpula até as menores comarcas.

O viés quantitativo da crise, inobstante potencializado pela judicialização da vida - sem a pretensão de atribuir o resultado daquela a esta conclusão –, tem especial causa identificadora: a ação de execução fiscal, a qual, exclusivamente, corresponde a 36% de todos os processos judiciais pendentes de julgamento no Brasil (CONSELHO, 2021).

A referida ação ostenta taxa de congestionamento de 87%, enquanto a geral do Judiciário remonta 73% (CONSELHO, 2021), o que pressupõe o agravamento quantitativo da agrura jurisdicional com o passar dos anos.

A sequela dessa constatação gera importantes resultados não só no âmbito do Judiciário, mas indistintamente em relação às funções estatais.

O Legislativo vê-se elaborador de um procedimento, descrito na Lei de Execuções Fiscais (LEF), hodiernamente anacrônico, incapaz de atingir o desiderato justificador de sua elaboração. E, malgrado tal constatação não seja recente, desde o ano de 1980, atualizou-o em apenas três oportunidades; a última já data de oito anos.

O Judiciário vê-se atolado de executivos fiscais, sendo-lhe impostos, no decorrer do respectivo procedimento, uma série de atos administrativos para a localização do devedor e de seus bens, o que colabora sobremaneira para a demora na prestação jurisdicional.

Por via da execução fiscal, o Executivo vem arrecadando baixos números percentuais em relação ao crédito potencialmente recuperável.

Ademais, o cidadão é alijado não só da formatação processual, mas igualmente do procedimento de formulação de políticas públicas e alocação das quantias arrecadadas, seja voluntária ou mediante atuação de cobrança do devedor.

A situação, portanto, já ilegítima no seu nascedouro, mostra-se desprovida de legitimação no exercício das funções judicial e executiva.

Não se desconhece que a principal fonte financiadora estatal é o pagamento de tributos, por meio dos quais se abre margem à consecução de políticas públicas para a satisfação, notadamente, dos direitos fundamentais.

Lado outro, a atuação ineficiente das funções do Estado deságua no baixo índice de retorno de bem-estar à sociedade, gerando círculo vicioso que clama solução.

A ação de execução fiscal é um ponto importante nessa engrenagem, devendo ser não só o procedimento da Lei de Execução Fiscal, mas igualmente o descrito na Lei 10.522/02 (BRASIL, 2002), analisados sob a perspectiva dos princípios da eficiência e do devido processo legal, a fim de se entender o contrafluxo perpetrado pela recuperação de crédito fiscal, em direção à seara administrativa, em detrimento da judicial.

Isto porque é crescente a utilização de meios de recuperação fiscal alheios à ação de execução fiscal, notadamente extrajudiciais.

A obra, portanto, é estruturada em seis capítulos.

Sendo o primeiro capítulo introdutório, no segundo far-se-á abordagem da crescente judicialização dos conflitos, com análise, sob a perspectiva da legitimidade e da legitimação, das atuações das funções estatais, notadamente do Judiciário, já sob a perspectiva do executivo fiscal.

O capítulo seguinte propõe a compreensão e discussão das nuances que envolveram e permeiam a Lei de Execuções

Fiscais, bem como a análise da *performance* arrecadatória da ação de execução fiscal.

O quarto capítulo é destinado à contraposição dos resultados apurados - numéricos e extranuméricos - aos princípios da eficiência e do devido processo legal.

O quinto capítulo abarca a análise crítica da adoção de procedimentos administrativos extrajudiciais para fins de recuperação de crédito fiscal, inclusive os praticados por países vizinhos, sul-americanos, a exemplo de Chile, Peru e Argentina.

No último capítulo, analisar-se-ão, conclusivamente, os atuais modelos de execução fiscal judicial postos em prática na experiência brasileira.

Capítulo 1

CRESCENTE JUDICIALIZAÇÃO DOS CONFLITOS

Na democracia, o direito é preponderante e central na organização institucional do Estado, de forma a estabelecer condições mínimas para o regular funcionamento do sistema político (STRECK, 2016).

Necessário, para o entendimento da perspectiva proposta, notadamente ao exercício da função jurisdicional, desfazer confusão costumeiramente verificada entre os fenômenos da judicialização e do ativismo judicial.

Este último, na visão de Lenio Streck, é sempre prejudicial à democracia, já que decorre de comportamentos e visões subjetivas, pessoais, de juízes e tribunais, enquanto, lado outro, a judicialização pode também o ser, a depender do seu nível de intensidade, pois é inerente ao regime democrático arrimado em uma Constituição normativa (STRECK, 2016).

A judicialização está associada ao funcionamento (in)adequado de instituições. No entanto, dentro do limite institucional traçado pela Constituição, caracterizando-se por ser contingencial. E, no Brasil, está arraigada por uma "... colonização do mundo da vida pelo Judiciário...", potencializado por sua analítica Constituição da República Federativa de 1988 (CR/88) (STRECK, 2016, p. 730).

De outra forma, o ativismo está associado à resposta do Judiciário a questão objeto de judicialização, perpassando pela vontade do julgador em substituição aos limites jurídicos e/ou extrapolando a competência de outra função estatal. Isto é, o ativismo é um comportamento judicial (STRECK, 2016).

No entender de Luís Roberto Barroso, o ativismo externa vontade política. É caracterizado por uma atitude, "... a escolha de um modo específico e proativo de interpretar a Constituição, expandindo o seu sentido e alcance" (BARROSO, 2012, p. 25).

Em outras palavras, de uma questão judicializada pode advir, do Judiciário, uma resposta adequada à CR/88, que efetive a concretização de direitos fundamentais e/ou procedimentos assecuratórios da regra democrática, ou uma resposta ativista, dotada de subjetivismo, à margem, portanto, do constitucionalmente determinado (STRECK, 2016).

Enquanto o ativismo pode ser qualificado como atividade nociva à democracia, não necessariamente o é a judicialização.

A dicotomia realizada tem por objetivo delimitar, desde a gênese do capítulo, e do livro, a necessária diferenciação entre as nomenclaturas utilizadas.

A partir do momento em que se estabelece, notadamente após a Segunda Guerra Mundial, que a separação das funções estatais e a proteção de direitos fundamentais se mostraram insuficientes a balizar os regimes autoritários, o controle de constitucionalidade cresceu em grau de importância, ao argumento de que poderia, efetivamente, garantir os direitos legalmente postos. Isto porque já àquela época se verificara o fracasso do legalismo (BARROSO, 2010).

A judicialização, portanto, alça o Judiciário à arena de resolução de situações mais difíceis e caras à sociedade, em detrimento de atuação, nesses casos, pelas demais funções estatais.

E a imersão social, certamente potencializada pelas transmissões televisivas, no dia a dia do Supremo Tribunal Federal (STF), é corolário do fenômeno da judicialização. O STF assume papel de destaque no noticiário, nas conversas, no cotidiano social, passando, inclusive, a judicialização a ser utilizada como meio coercitivo para a tomada de decisões no âmbito das demais funções estatais, da relação Estado-particular ou mesmo nas relações privadas (informação verbal)[1].

Luís Roberto Barroso identifica, no ano de 2008, um importante passo da centralidade do Judiciário, notadamente do STF, na tomada de importantes decisões nacionais (BARROSO, 2012).

No entanto, já em 1982, José Alfredo de Oliveira Baracho enxergava o amplo papel das atribuições assumidas pelo Judiciário, sob a perspectiva do necessário balizamento das fortificadas atuações executivas, ao consignar:

> Com a diminuição das faculdades dos órgãos legislativos contemporâneos, inclusive nos Estados de tradição parlamentar, o controle judicial da constitucionalidade

1 Conclusão obtida após debates em aula da disciplina "Constitucionalismo Democrático e Reordenação Jurídica", ministrada pelo Prof. Dr. Carlos Victor Muzzi Filho, em 08/11/2019, no Programa de Pós-Graduação em Direito da Universidade Fumec.

> dos atos de autoridade surge, atualmente, como contrapeso eficaz a um Executivo poderoso, em decorrência das solicitações provocadas, muitas vezes, por transformações sociais, que só podem efetivar-se, com presteza, por meio de crescente intervenção da administração nas relações jurídicas, sociais, econômicas, culturais e políticas de uma sociedade em transformação, que precisa de progressivas atribuições legislativas diretas e indiretas da administração, por meio de faculdades de emergência, decretos-leis, leis, quadros, regulamentos, decretos gerais e outros modelos normativos, muitas vezes, atribuídos a um organismo executivo.

A justiça constitucional terá uma função equilibradora frente a esses poderes vigorosos de uma administração poderosa e crescente, no que se refere à intervenção na elaboração direta e indireta das disposições legislativas (BARACHO, 1982, p. 104-105).

É certo que o STF, órgão de cúpula jurisdicional, é visto com preponderância nesse movimento de judicialização, o qual, no entanto, não é adstrito àquele.

Há algum tempo a realidade brasileira alça o STF cotidianamente às manchetes dos jornais, independentemente da seção, pois que é patente a sua atuação em questões de política, economia, ciência, polícia e até mesmo no esporte.

O STF teve que se debruçar sobre disputa entre as agremiações esportivas Sport Club do Recife e Clube de Regatas do Flamengo quanto à identificação do campeão brasileiro de futebol do ano de 1987 (BRASIL, 2017).

Enfim, há verdadeira judicialização da vida (BARROSO, 2015, p. 45).

E tal fenômeno, na compreensão do mesmo autor, perpassa pelas questões de grande repercussão política e/ou social, que estão sendo decididas também pelo Judiciário, e não apenas pelas tradicionais instâncias políticas: Legislativo e Executivo (BARROSO, 2012).

No entanto, neste livro, a abrangência do termo é alargada para, efetivamente, abarcar os aspectos da vida, no seu cotidiano, e não restar subsumido apenas às questões de Estado[2].

Assim sendo, vale-se do termo "judicialização" para além das questões de grande repercussão nacional nas esferas política e social. Esta pode abarcar tanto a judicialização da saúde, enquanto consecução macro de políticas públicas nesse nicho, quanto a ação proposta no Juizado Especial da Fazenda Pública, pela qual uma pessoa requer o fornecimento de determinado remédio ao Município, Estado ou União.

A centralidade do Judiciário não abarca somente as questões de índole constitucional, originárias ou que cheguem até o STF. E nesse viés caminha a identificação da judicialização, composta por qualquer chamado do Judiciário à pacificação social, independentemente da natureza e das partes litigantes.

Portanto, nesta obra, o termo "judicialização" extravasa a caracterização de situações caras à sociedade, fazendo-se representar as mais corriqueiras circunstâncias que são submetidas ao Judiciário, em consonância com a menção do Ministro Luís Roberto Barroso quanto à judicialização da vida.

E o atingimento dessa judicialização de todos os pontos inerentes ao exercício da vida não se resume ao STF. Muito pelo

---

2 A utilização do termo "Estado" tem conotação com as pessoas jurídicas de direito público, de forma a não contemplar as questões de estado das pessoas, a exemplo de nome, entre outros aspectos.

contrário. Essa perspectiva aberta é mais facilmente identificada nos juízos singulares de primeira instância, que sofrem, primeiramente, os resultados dessa tendência.

Efeito prático desse acontecimento é verificado pelos dados segundo os quais, de 1990 a 2002, enquanto a população brasileira aumentou em 20%, o número de ações distribuídas ao Judiciário aumentou em 270% (MORAES *et al.*, 2008).

De acordo com dados do Conselho Nacional de Justiça (CNJ), no ano de 2020 houve distribuição de 25,8 milhões de novas ações, sendo que, em média, de cada 100 mil habitantes, 10.675 ingressaram com alguma ação no período (CONSELHO, 2021).

A judicialização excessiva, no entanto, provoca, na prática, uma preponderância do princípio da inafastabilidade do acesso ao Judiciário sobre o princípio da celeridade judicial, quando, ao certo, deveria haver uma harmonização entre ambos (BATISTA JÚNIOR, 2007).

Adverte-se, de plano, que nesta obra não se está defendendo a filtragem de acesso ao Judiciário ou pretendendo criticar o crescimento de demandas como efeito de uma salutar conscientização jurídica da sociedade. Apenas se tem por objetivo a realização de uma interpretação sistemática do fenômeno e, em consonância com o princípio da eficiência, verificar a melhor forma de cobrança de crédito tributário.

Ainda assim, não se pode deixar de registrar que a qualificação do Judiciário como "superfunção" mascara um déficit democrático, com o deslocamento de decisões participativas da sociedade para a exclusividade daquele, notadamente porque magistrados não são eleitos, e, de igual forma, não passam regularmente pelo eleitoral e legitimador processo de testificação.

1.1 A JUDICIALIZAÇÃO E O JUDICIÁRIO. ANÁLISE DOS EFEITOS PERNICIOSOS DAQUELA

O Judiciário continua em crise, a qual parece se estender para áreas antes não abarcadas.

Cármen Lúcia Antunes Rocha elucida que a agrura jurisdicional não é recente, uma vez que desde a década de 1940 há referência a ela (ROCHA, 2000), inobstante, por certo, numa perspectiva diversa da atual. Portanto, seria incorreto certificar que a função jurisdicional está em crise, como se tão só hodiernamente, pois faticamente já se encontra nessa incômoda situação há dezenas de anos.

Esse cenário em muito se deve à demora na realização de sua precípua atividade. O Estado, no momento em que tomou para si o monopólio da jurisdição, deveria exercê-la de modo exemplar, contemplando a tempestividade na resolução do litígio, o que, no entanto, não é o que comumente ocorre.

Carlos Mário Velloso asseverava, há 20 anos que "... o problema maior da justiça, o seu mal maior, é a lentidão, que contribui, significativamente, para tornar ineficiente a prestação jurisdicional" (VELLOSO, 1998).

Essa constatação, como já dito alhures, justifica o contingenciamento de processos que são submetidos à sua apreciação sem resolução em tempo razoável[3].

Enquanto dados estatísticos apontam para a crescente judicialização (CONSELHO, 2019), lado outro é patente a queda do índice concernente à confiança populacional no Judiciário (FGV, 2017). E outro não poderia ser o resultado.

---

3 Para conceituação de tempo razoável, sugere-se a leitura de Ronaldo Brêtas de Carvalho Dias (2004, especificamente item 4.2.3, p. 194-203).

O exercício jurisdicional interfere de maneira tão importante na vida das pessoas que o direito processual chega a ser inserido entre as instituições de felicidade destas, especialmente em razão de escopos sociais e políticos, em detrimento de um secundário escopo jurídico (DINAMARCO, 1996).

No entendimento de Luiz Flávio Gomes, a morosidade colabora para a corrosão da legitimação do Judiciário, estabelecendo-se a quebra de confiança neste (GOMES, 1997).

O Relatório CNJ em Números 2021 aponta que o Judiciário brasileiro terminou o ano de 2020 com 75,4 milhões de processos pendentes de julgamento.

E o "tempo de giro do acervo", isto é, o prazo necessário para que o estoque seja "zerado", mantidas as produtividades de magistrados e servidores, sem distribuição de qualquer novo caso, seria, na Justiça Estadual, de três anos, ao passo que na Justiça Federal seria de dois anos e nove meses (CONSELHO, 2021).

Ocorre que o período de dois anos é demasiadamente longo para o "tempo de giro do acervo", ainda que não possa parecer num juízo inicial. Para fins persuasivos, esse é o lapso de tempo necessário, por exemplo, para que seja duplicado o conteúdo digital existente no mundo, ou seja, a cada dois anos se dobra o conteúdo digital já produzido no mundo (GRECO, 2014).

Em relação especificamente às ações de execução fiscal, o "tempo de giro do acervo" é de seis anos e dez meses (CONSELHO, 2021).

Portanto, ainda que se possa cogitar que o Judiciário tenha breve alento em sua crise, pois desde o ano de 2017 o total do acervo vem experimentando diminuição (CONSELHO, 2021), a perspectiva crítica não se resume à questão quantitativa de processos.

Não se está afirmando que a função jurisdicional caminha para a diminuição de sua crise quantitativa, pois tal pressupõe a estabilização do cenário jurisdicional após a reforma trabalhista e a avaliação do impacto não só desta, mas também da recente reforma da previdência e futura reforma tributária, o que pode contribuir para o exponencial aumento quantitativo de novas demandas.

Fato é que o Judiciário vem sendo alvo de desconfiança por parte da população e até de operadores do Direito, havendo clamor de todos contra a ineficiência na solução de litígios (THEODORO JÚNIOR, 2005).

De acordo com o relatório **Índice de Confiança no Judiciário (ICJ)**, publicado pela Fundação Getulio Vargas (FGV) no ano de 2017[4], apenas 24% dos entrevistados confiam naquele (FGV, 2017).

No entanto, o baixo índice percentual não é exclusividade dessa função, pois o mesmo relatório aponta que as instituições em geral tiveram queda desde a medição de 2013, sendo necessário ressalvar que o Judiciário é o mais bem ranqueado dentre as funções estatais (FGV, 2017).

Isto porque o Governo Federal (expressão utilizada pela pesquisa em referência ao Executivo) obteve 6% de confiança. Já o Congresso Nacional (referência da pesquisa ao Legislativo) alcançou 7% (FGV, 2017).

Desde 2013, quando 34% dos entrevistados confiavam no Judiciário, houve queda de dez pontos percentuais até a data da última medição, no primeiro semestre do ano de 2017 (FGV, 2017).

---

4 A última medição realizada pela Fundação Getulio Vargas quanto ao índice de confiança no Judiciário foi no ano de 2017.

Ainda compulsando o **Relatório ICJ Brasil** 2017, infere-se que: (i) 81% dos entrevistados afirmam que o Judiciário é lento ou muito lento na resolução das controvérsias a ele direcionadas; (ii) 78% qualificam o Judiciário como nada ou pouco honesto, e (iii) 66% acreditam que é pouco ou não é independente em relação às influências das demais funções estatais (FGV, 2017).

1.2 DESCRÉDITO DAS FUNÇÕES ESTATAIS, E NÃO SÓ DO JUDICIÁRIO. UMA QUESTÃO DE (I)LEGITIMIDADE E (DES)LEGITIMAÇÃO

De início neste tópico, é necessário estremar a legitimidade da legitimação, distinção de substancial importância à conclusão proposta.

Luís Carlos Gambogi o faz, mas não sem asseverar, primeiramente, que, na ordem democrática, legitimidade e legitimação são postulados do Direito. Enquanto a legitimação pertine à realidade social, oriunda de um processo permanente, e objetiva a construção da legitimidade ato a ato, esta última fulcra-se na soberania, com reflexão na seara jurídico-política, norma a norma, na produção destas pelas quais se pronunciam e absorvem os valores sociais (GAMBOGI, 2016).

A legitimidade está correlacionada à função legislativa, de sorte que a legitimação tem estreita afinidade com as funções administrativa/executiva e jurisdicional. Ao passo que a legitimidade é vislumbrada na feitura das leis, a legitimação opera na aplicação e interpretação destas.

Portanto, inobstante tenha origem na legitimidade, a manutenção legitimadora da lei necessita do diálogo com a realidade regente, no exercício valorativo social e "... na avaliação empírica do grau de aceitação da ordem jurídico-política..." (GAMBOGI, 2016, p. 96).

E diversos são os fatores que influenciam no grau de aceitação, com destaque ao conhecimento. Isto porque a racionalidade e o domínio são fundantes no atingimento e manutenção da legitimação, notadamente em sociedades estruturalmente complexas, a exemplo das atuais. O conhecimento, assim, é pressuposto para a decisão e o agir. Para tanto, ideal é que a atuação se dê com debate livre, amplo e democrático (GAMBOGI, 2016).

André Del Negri crava que, em face do Direito moderno, que separa a moral, a ética e a política, o acordo normativo, incessantemente, deve demonstrar-se legítimo, sendo insuficiente a comprovação de apenas ser positivado (DEL NEGRI, 2008).

Tanto assim o é que o autor chama atenção ao fato de que Jurgen Habermas ocupou-se da legitimidade da legalidade, de maneira a afastar o conceito positivista do Direito (DEL NEGRI, 2008).

Portanto, não se pode resumir a legitimidade (na perspectiva macro) do Direito à faceta meramente formal, pois que desse campo não se infere a legitimação, a qual é de suma importância.

Pressupõe-se, desta feita, a superação do viés legislativo, o qual não esgota a legitimidade em sentido lato.

André Del Negri, influenciado por Jurgen Habermas, descreve que, ao alçar o processo ao centro não só do discurso, mas também da legitimidade, abre-se um espaço procedimental discursivo legislativo apto a proceder, além da integração social, à institucionalização da vontade democrática, ainda que relativamente a cidadãos com diferentes perspectivas dentro de uma sociedade pluricultural, de sorte que o estabelecimento dessas regras, de maneira livre, faz com que os destinatários da lei se reconheçam também como os seus autores (DEL NEGRI, 2008).

Portanto, não se discute que:

> [...] é a instituição processo o espaço discursivo de legitimação da positivação e atuação do direito de modo a que os destinatários das normas possam desenvolver seus discursos críticos e assumir a posição de coautores e fiscalizadores das leis... (DEL NEGRI, 2008, p. 76).

Registre-se que André Del Negri refere-se à legitimação na perspectiva da legitimidade, acorde com a dicotomia levada a efeito por Luís Carlos Gambogi.

Aquele autor, entretanto, adverte que o enfoque puramente procedimental como meio legitimador (espectro da legitimidade) de validade do ordenamento não acomete o processo como reitor construtivo dos direitos fundamentais, com expressa, mas insuficiente lição de que é o Direito que institucionaliza o princípio da democracia (DEL NEGRI, 2008). A participação democrática não se exaure no viés formal, ainda que legítimo o seu processo construtivo.

Extrai-se, assim, que o processo legislativo não esgota a legitimidade no sentido macro, mas "em sentido estrito", razão pela qual é necessária, em conjunto, a verificação da legitimação, decorrente do exercício executivo e jurisdicional. Finda-se o processo de legitimidade em relação à coautoria das leis (legitimidade), dando-se lugar ao processo fiscalizatório e participativo da aplicação e interpretação destas (legitimação).

A permeabilidade da participação popular em assuntos eleitos pela sociedade civil, bem como "... o exercício de controle sobre as condições presentes durante o embate político e o processo de formação da decisão", são caros ao exercício democrático. E neste ponto identifica-se déficit de legitimidade, não apenas quanto à atuação legislativa, mas sobretudo na aplicação prática dos atos legislativos realizados à revelia da participação popular (BALBÉ; BOFF, 2018, p. 281-282).

Faticamente, o cidadão fica em segundo plano, tanto em relação à legitimidade quanto à legitimação, sem a possibilidade de exercer a coautoria no processo legislativo, somado ao não exercício de controle social em relação aos atos estatais (FONSECA; FONSECA, 2017).

Repise-se que o conhecimento é indispensável ao grau de aceitação inerente à ordem jurídica, sem o qual não se estrutura, quiçá se mantém a legitimação.

O aperfeiçoamento da democracia pressupõe mecanismos de controle e a participação popular relativamente à esfera política, o que propiciaria o incremento da virtude cívica, de sorte que o exercício democrático não se apequena à guerra pela preferência do eleitorado (BALBÉ; BOFF, 2018).

A partir do momento em que o cidadão é alijado do processo legislativo, o que impacta na legitimidade – a qual o pressupõe coautor originário em relação aos parlamentares –, somado à relegação a um segundo plano não só no estabelecimento, mas também na consecução de políticas públicas – o que atinge frontalmente a legitimação –, tem-se por subvertida a ordem democrática e a caracterização de atos perpetrados nesse contexto enquanto legítimos, em sentido macro.

A conjugação desses fatores perniciosos faz estabelecer um círculo vicioso despido de proveito democrático legítimo, seja no aspecto da legitimidade (processo e sanções legislativas desproporcionais e desarrazoadas) ou da legitimação (atuação do Executivo e do Judiciário). O déficit de legitimação na atuação executiva ou jurisdicional provoca o aumento das medidas legislativas coercitivas, provocando igual déficit de legitimidade, em espiral antidemocrática.

1.2.1 Análise sob a perspectiva legislativa

A função legislativa, em contraponto ao nefasto efeito quantitativo da judicialização, iniciou verdadeira cruzada objetivando alterações no Código de Processo de 1973 (CPC/73) (BRASIL, 1973), a fim de conferir ao processo judicial mais celeridade e eficiência.

Entretanto, o que se viu foram alterações legislativas - não só infra, mas também constitucionais (BRASIL, 2004) - implementadas de modo canhestro, desordenado e meramente pontuais, o que propiciou, em vez do esperado, a ausência de coesão e sistematicidade do CPC/73, tendo por corolário a insatisfação do objetivo traçado.

Diante desse contexto, buscou-se, com o Código de Processo Civil de 2015 (CPC/15) (BRASIL, 2015), o que se extrai de sua exposição de motivos, estabelecer um avanço na perspectiva da eficiência processual, sendo o marco mais característico deste a diminuição da complexidade sistêmica, para a atribuição de "alto grau de eficiência" e consequente resolução de problemas. O enfoque atual, portanto, é da modelação/metodização das decisões, pelo que se pretende, cada vez mais, dotar o Judiciário de observância aos desígnios paradigmáticos, que são inerentes ao sistema (BRASIL, 2015).

A metodização, sob o argumento de prestígio do princípio da segurança jurídica, impõe a uniformidade e estabilização da jurisprudência, pois a disjunção jurisprudencial acarreta a intranquilidade da sociedade e o descrédito do Judiciário (BRASIL, 2015). Assim, a exposição de motivos do CPC/15 é assertiva no sentido de que o código cria figuras "para evitar a dispersão excessiva da jurisprudência. Com isso, espera-se haver condições de se atenuar o assoberbamento de trabalho no Poder Judiciário, sem comprometer a qualidade da prestação jurisdicional" (BRASIL, 2015, p. 29).

A proposta é, portanto, de recrudescimento da atividade jurisdicional, de modo a ter aplicação geral, abstrata e vinculante. A ideia é estabelecer uma previsibilidade à sociedade do que pode ou não ser levado a efeito e como o Judiciário enxerga e interpreta determinada norma e/ou situação jurídica. E, para tanto, estabeleceu-se a necessidade de observância, pelos tribunais inferiores, dos precedentes externados tanto pelo Supremo Tribunal Federal quanto pelo Superior Tribunal de Justiça (STJ).

Busca-se, desta feita, a concessão desses efeitos por meio do sistema de precedentes, o que, inclusive, não foi novidade trazida à baila pelo CPC/15, inobstante seja hialino que este procedeu a uma mudança paradigmática ao tratar os precedentes como fonte primária normativa (ZANETI JR., 2015).

Ocorre que a atuação prévia, vinculativa, geral e abstrata é alcançada por meio da atividade legiferante, que regula as relações sociais de modo a estabelecer um norte a ser seguido em situações idênticas ou semelhantes.

O sistema jurídico brasileiro foi sempre influenciado pelo sistema do *civil law*, assim como os demais países de origem romano-germânica, sendo a lei a fonte primária do ordenamento e, por consequência, apta ao deslinde das controvérsias submetidas ao Judiciário (DONIZETTI, 2015). A assertiva é corroborada pelo art. 5º, II, da Constituição da República Federativa do Brasil de 1988, o qual determina que "ninguém será obrigado a fazer ou deixar de fazer alguma coisa senão em virtude de lei" (BRASIL, 1988).

Portanto, no Brasil, tradicionalmente, a lei é a fonte primária do Direito, emanada por autoridade democraticamente investida para tanto - Legislativo -, cabendo ao Judiciário a aplicação do direito positivado, sem a possibilidade de atuação como legislador positivo (com competência para a elaboração legislativa como sucedâneo parlamentar). Nesse sistema, ao juiz cabe atividade cognitiva, a partir da qual não se produzem direitos novos (PUGLIESE, 2011).

Lado outro, a tradição do *common law* tem nascedouro nos costumes e princípios, sem vinculação a um compêndio de normas. Interessante, ainda, destacar que na gênese do *common law* não há referência aos precedentes, de sorte que a vinculação dos tribunais às decisões prévias é essencialmente o resultado de sua experiência (PUGLIESE, 2011). A atuação do magistrado tem, portanto, dúplice função, pois, com os olhos no passado, tem o dever de resolver a questão que lhe é posta, mas, ao mesmo tempo, mirando o futuro, deve colaborar com o ordenamento jurídico por meio da prolação de decisão orientativa aos integrantes da sociedade para a produção de seus atos futuros. Em suma, trata-se "de um direito jurisprudencial (*case law*). A fonte primária do direito são as decisões judiciais e as regras criadas pelo Legislativo (*statue law*) são meramente complementares ao *common law*, não se aplicando de forma autônoma" (ROSA, 2016, p. 22).

Como já afirmado, na origem do *common law* não se extrai a referência – quiçá necessária vinculação – aos precedentes.

Esse efeito é próprio do *stare decisis*, qualificável como uma faceta do desenvolvimento daquela, ou seja, "a doutrina de vinculação de precedentes (*doctrine of binding precedents*) [...]" (ROSA, 2016, p. 54). A conclusão é corroborada pelos dizeres de Roscoe Pound quanto ao fato de que o sistema do *common law* se vale da razão da experiência, a qual proporcionará o melhor fundamento para o estabelecimento de padrões de ação e de decisão[5] (POUND, 1921).

O *stare decisis* não é indissociável do *common law*, pois, conforme já alertado, este último, no seu nascedouro, pressupõe apego aos costumes e princípios.

Nessa senda, a experiência brasileira partiu do *civil law* e, paulatinamente, por meio de reformas processuais tópicas, parece ter pretendido estabelecer o *common law*. No entanto, verdadeiramente alcançou o *stare decisis*, de forma mais incisiva por meio da Emenda Constitucional 45/04 (EC 45/04) (BRASIL, 2004) - a qual inseriu a vinculação dos enunciados de súmula com essa característica - e mais recentemente, e de modo definitivo, com o CPC/15, que expandiu os efeitos vinculativos também aos enunciados não elaborados sob a qualidade vinculativa.

Assim sendo, é evidente que, a pretexto de fusão - ou pelo menos de aproximação - dos sistemas do *civil law* e do *common law*, o ordenamento jurídico pátrio, em verdade, sobretudo no CPC/15, inovou ainda mais. O Brasil foi além, atribuindo verdadeiramente tanto à jurisprudência (de modo anômalo) quanto ao precedente (como consequência natural) a força vinculativa, própria do *stare decisis*.

---

5 No original: "The common law doctrine is one of reason applied to experience. It assumes that experience will afford the most satisfactory foundation for standards of action and principles of decision".

O CPC/15, mais especificamente no art. 926, determina que os tribunais mantenham estável, íntegra e coerente a sua jurisprudência, ao passo que seu art. 927 registra o verdadeiro dever de observância, por juízes e tribunais inferiores, dos entendimentos sedimentados pelo STF e pelo STJ. Perceba-se que a sujeição dos magistrados hierarquicamente inferiores aos enunciados dos tribunais superiores independe do caráter vinculativo do qual são dotadas as súmulas vinculantes, uma vez que esse efeito se opera *ex lege*.

Mas o que se entende por precedente?

Para Frederick Schauer, o precedente, basicamente, constitui a obrigação de um magistrado decidir da mesma forma que decisões pretéritas, em se tratando de matéria idêntica ou similar[6].

O intento é similar ao de Cass R. Sunstein e Edna Ullmann-Margalit ao trabalharem a decisão de segunda ordem, pela qual se decide apropriada e estrategicamente vislumbrando a redução de problemas associados à tomada de decisão de primeira ordem[7]. Isto é, a decisão superior, emanada por instância de igual envergadura, pode ser utilizada de modo a solucionar a lide em julgamento de instância inferior.

No Brasil, para ser qualificado como tal, basta que a decisão tenha sido proferida consoante uma das possibilidades elencadas no art. 927 do CPC/15, operacionalizando-se, em

---

6 No original: "Precedent is centrally about the (not necessarily conclusive) obligation of a decision-maker to make the same decision that has been made on a previous occasion about the same or similar matters" (SCHAUER, 2011, p. 123).

7 No original: "By second-order decisions we refer to decisions about the appropriate strategy for reducing the problems associated with making a first-order decision" (SUNSTEIN; ULLMANN-MARGALIT, 2000, p. 187).

realidade, *v.g.*, a superação do caráter meramente informativo dos enunciados até então não vinculantes.

Está-se, portanto, diante de verdadeira construção primária do Direito, advinda de decisão judicial, em caráter geral, abstrato e vinculante, alcançando, ainda, comandos pretéritos, isto é, enunciados até então não vinculantes. Ainda que não equivalha a lei propriamente dita, os efeitos dessa construção do Direito, de modo primário, assim como a lei, são inegáveis, valendo-se, inclusive, de alguns dos mesmos atributos desta, mas sem o requisito legitimador da testificação bicameral (na seara federal, votação e aprovação pela Câmara dos Deputados e pelo Senado Federal).

O Legislativo, portanto, por meio comissivo, exteriorizado em implementação legislativa, abre margem para futura atuação omissiva, pois dotou o Judiciário de instrumentos aptos à construção primária do Direito, propiciando a este uma atuação ativista, de atingimento, no *status quo*, de questões caras à democracia, mas que, exatamente em razão desta, deveriam ser tratadas no âmbito legislativo.

Não se desconhece que comumente esses debates causam desgaste institucional ao Legislativo, de sorte que o escape deste, ou seja, sem ingerência em questões potencialmente problemáticas, propicia aos seus membros melhores condições de angariar a preferência do eleitorado, ainda que a atitude furtiva custe caro ao aperfeiçoamento democrático.

Faz-se, de plano, uma contra-argumentação relativamente ao fato de que o CPC é um "projeto de juristas", sendo cediço que o CPC/73 fora sobremaneira influenciado pelas ideias de Alfredo Buzaid, ao passo que o atual, por Luiz Fux. E verdadeiramente a ativa participação de "juristas" no pensamento e estruturação do CPC não causa espécie, pelo contrário, pois que a tecnicidade deste é característica que não pode ser olvidada.

Ainda assim, desde já é preciso consignar que se entende por exacerbada a possibilidade de produção de comandos jurisdicionais com a mesma força normativa e, ao menos, parciais características da lei, em atuação qualificada nesta obra como extrapoladora dos freios e contrapesos, pois se pensa haver embrenhamento, pelo Judiciário, na típica função legislativa.

O Legislativo, assim, permite ao Judiciário sopesar os valores básicos de uma sociedade, ou mesmo o seu pilar fundante, inobstante não tenha sido cunhado para tanto. A partir do momento, *v.g.*, em que o Legislativo mantém-se inerte quanto à tipificação de crime de homofobia, passando a depender de uma atuação ativista do Judiciário na criação de um tipo penal (BRASIL, 2019b), subverte-se a ordem democrática, acentuando-se as atitudes, por vezes, ilegítimas e deslegitimadoras dessa manobra.

O movimento é perceptível a Luís Roberto Barroso, ainda que não o qualifique como subversivo:

> Nos últimos anos, uma persistente crise de representatividade, legitimidade e funcionalidade no âmbito do Legislativo tem alimentado a expansão do Judiciário [...] em nome da Constituição, com a prolação de decisões que suprem omissões e, por vezes, inovam na ordem jurídica, com caráter normativo geral (BARROSO, 2012, p. 27).

Portanto, o STF foi colocado - e se colocou - no centro de disputas políticas, instado a se manifestar a respeito de crises geradas pelas demais funções estatais, mas também pelo próprio Judiciário, o que acarreta, como efeito lógico e necessário dessa exposição, no desgaste de sua imagem e atuação.

O Legislativo, lado outro, quando dessa atuação, esforça--se para permanecer artificialmente incólume.

Em entrevista publicada pelo **Anuário da Justiça Brasil 2019**, o Ministro Dias Toffoli asseverou que, "de guardiões da Constituição e da institucionalidade, os ministros viraram, também, alvo" (ANUÁRIO DA JUSTIÇA BRASIL 2019, p. 24).

Não é por outro motivo que o Senado já recebeu pedidos de *impeachment* contra os Ministros Alexandre de Moraes, Edson Fachin, Luís Roberto Barroso, Dias Toffoli, Luiz Fux, Ricardo Lewandowski, Gilmar Mendes e Celso de Mello, isto é, 8 dos 11 integrantes (na data da reportagem) da mais alta esfera judicial brasileira (ANUÁRIO DA JUSTIÇA BRASIL 2019).

O Legislativo, desta feita, sob essa perspectiva, por vezes, tem atuado ao arrepio da legitimidade, o que, por corolário lógico, influencia negativamente no processo de legitimação do Executivo e do Judiciário, na aplicação do produto legiferante ilegítimo.

Os efeitos maléficos da metodização, concernentes ao objeto desta obra, já poderão ser verificados no tópico adiante.

1.2.2 Análise sob a perspectiva jurisdicional

A crise jurisdicional numérica não é ocasionada volitivamente, ou, ao menos, conscientemente, pelos seus membros.

Trata-se de uma conjunção de fatores que culminam nesse cenário, com especial relevo, mas não só, às mazelas da atividade jurisdicional.

Não se desconhece que, em face da escassez de recursos, igual qualificação é imposta ao Judiciário, tanto em relação à estrutura humana quanto material.

Não se está afirmando que o Judiciário não goza de orçamento suficiente à boa consecução de suas atividades, pois, em 2020, a despesa total do Judiciário foi, de acordo com o Relatório Justiça em Números, 2021, de R$ 100 bilhões, e a força de trabalho conta com 433.575 pessoas (CONSELHO, 2021), mas sim que a alocação dos recursos, por vezes, não satisfaz as necessidades materiais dos integrantes do Judiciário (magistrados e servidores), notadamente em primeira instância, e os anseios sociais.

Nessa senda, Luís Carlos Gambogi descreve que: "Não é plausível nem razoável exigir, dos magistrados, decisões céleres, tecnicamente corretas e eticamente justas, sem que se lhes ofereça os instrumentos de que necessitam" (GAMBOGI, 2016, p. 96).

Não raros são os movimentos grevistas de servidores dos tribunais, reivindicando melhor estruturação de carreira, mas também física. Em uma breve incursão a secretarias de juízos é possível constatar a insuficiência humana e material que prejudica sobremaneira o exercício judicante.

Ocorre que a típica atuação jurisdicional, em diversos casos, atrai críticas.

A canhestra utilização de instrumentos[8] procedimentais, em nome de uma "justiça célere", fere de morte o exercício jurisdicional.

---

[8] Neste livro, o termo "instrumento" está dissociado do conceito cunhado por Oskar Von Büllow, atinente à escola instrumentalista do processo.

Não se desconhece a imposição de metas quantitativas[9], por vezes em detrimento qualitativo, que determina o apressado julgamento da lide. Mas, ainda assim, há diversas nuances da atividade jurisdicional que merecem aprimoramento.

Exemplo vivo, atual e crescente, é a utilização dos precedentes judiciais em descompasso com a determinação legal, à margem de sua *ratio decidendi*[10], o que colabora não só para o tumulto processual, mas igualmente para a perpetuação deste.

Nefastas atuações ativistas são cada vez mais comumente identificadas, o que provoca um déficit de legitimidade, nas palavras de Ronaldo Brêtas:

> A legitimidade democrática das decisões jurisdicionais, comprometidas com o princípio do Estado Democrático de Direito, está assentada na exclusiva sujeição dos órgãos jurisdicionais às normas que integram o ordenamento jurídico, emanadas da vontade do povo, porque discutidas, votadas e aprovadas pelos seus representantes no Congresso Nacional (DIAS, 2004, p. 133-134).

Nesse sentido, o Judiciário se arvora em um viés que não lhe é democraticamente afeto, pois a construção primária do Direito que não seja pelo Legislativo escapa ao caráter representativo da democracia.

9 Para verificação de metas do Conselho Nacional de Justiça, recomenda-se acesso ao *site* https://www.cnj.jus.br/gestao-e-planejamento/metas/.

10 O significado de um precedente necessariamente gravita em torno de sua *ratio decidendi*. A razão de decidir "é a tese jurídica ou a interpretação da norma consagrada na decisão...", enquanto a fundamentação pode conter uma ou várias teses jurídicas, além de considerá-las diversamente, sopesando a importância de uma em detrimento da outra (MARINONI, 2016, p. 161).

O CPC/15, como visto, pinçou provimentos jurisdicionais, alçando-os à qualidade de precedentes, sem, no entanto, exigência de que sejam correlacionados aos respectivos cotejos fáticos e que tenham consistência e integridade com o sistema jurídico atual, especialmente porque enunciados meramente persuasivos, editados sob a égide da ordem constitucional e processual anteriores, passaram, como mágica, a ser dotados de efeito vinculativo.

Especificamente quanto a tais enunciados, o art. 926, § 2º, do CPC/15 leva a crer que teriam o condão de aglutinar o núcleo essencial da *ratio decidendi* oriunda dos precedentes que os ensejaram. No entanto, as súmulas, no modelo nacional, constituem-se, apenas, em conjunto de enunciados condensados, que captam a consolidação da solução dos julgados, sem, no entanto, a correspectiva contextualização e identidade fático-jurídica (BERNARDES, 2019).

Até 8 de setembro de 2022, data de fechamento da pesquisa, o STF já havia reconhecido 1.215 temas (BRASIL, 2020d) de repercussão geral, pelos quais imporá, a exemplo da lei, vinculação geral a casos, em tese, com a mesma *ratio decidendi*. De igual natureza, o STJ, na mesma data, havia reconhecido **1.163** temas repetitivos, com igual alcance (BRASIL, 2020a). Dos temas do STF, **258**, equivalentes a 21,23% do total, têm relação com o Direito Tributário, enquanto 31, ou 2,55%, influenciam diretamente a ação de execução fiscal. Em relação ao STJ, 298 temas, equivalentes a **25,62%** do total, são correlacionados ao Direito Tributário, sendo certo que 78, ou **6,70%**, especificamente à ação de execução fiscal.

Ainda, dos 736 enunciados do STF, 138 – representativos de 18,7% – versam matéria de Direito Tributário, e 11, ou 1,49%, sobre ação de execução fiscal (BRASIL, 2020b). Em relação aos enunciados vinculantes do mesmo tribunal, do total de 58, 11 (18,96%) tratam de Direito Tributário, sendo certo que 3, ou 5,12%, especificamente sobre ação de execução fiscal (BRASIL, 2020c).

Em relação ao STJ, dos seus 653 enunciados, 15,16% (99) abordam o Direito Tributário e 6,58% (43), a ação de execução fiscal (BRASIL, 2022).

Trata-se de situação que pode evidenciar uma barreira criada pela vinculação do pronunciamento judicial ao caso concreto, ao argumento de se tratar de hipótese idêntica ou suficientemente semelhante. No entanto, em havendo má aplicação do caso paradigmático, tem-se nefasto efeito atinente ao trancamento de argumentação em contrário à seleção e aplicação do precedente.

O efeito prático dessa sistemática tende a ser a crescente interposição de recursos, com o intuito de operacionalização da *distinguishing* ou *overruling*[11], atuando-se de modo avesso à pretensa solução da crise quantitativa do Judiciário. Lado outro, potencializa-se a crise qualitativa das decisões proferidas.

A composição imediata do processo - por meio da qualificação do caso como passível de aplicação a um precedente - abre espaço para a pretensa geração de descrédito na mesma proporção que o julgamento após longos anos de marcha procedimental a fio. Isso porque o julgamento desfavorável quase instantâneo, com base em precedente, em tese, suficientemente equivalente na visão do magistrado, para que a pretensão

[11] *Distinguishing* pode ser entendido como a técnica processual de distinção entre o precedente invocado e o caso em apreço, de sorte a afastar a imposição do resultado jurídico daquele ao caso sob exame. Por *overruling*, em suma, entende-se a superação do precedente, e não seu afastamento episódico, via *distinguishing*.

do jurisdicionado seja afastada, não contribui para a sua boa aceitação. Até mesmo porque este deve ter a oportunização de diferenciar o precedente da hipótese que defende, casuisticamente, perante o Judiciário, isto é, em outras palavras, realizar a *distinguishing* ou o *overruling*.

Ocorre que o art. 932 do CPC/15 admite a possibilidade de o relator negar provimento, de plano e monocraticamente, a recurso contrário a algumas das hipóteses elencadas no art. 927 do mesmo diploma legal e qualificadas como vinculantes, sendo este o mesmo fundamento jurídico da decisão de primeira instância. No entanto, a parte sucumbente, irresignada pelo motivo de a *ratio decidendi* do precedente não se aplicar ao caso concreto, terá que se valer dos recursos excepcionais (recurso extraordinário e recurso especial).

Embora aberta tal possibilidade de insurgência, atualmente mostra-se inócua, pois tanto o STF quanto o STJ não admitem revisitação fático-probatória do estabelecido pelo tribunal de origem, respectivamente nos enunciados 279 e 7 de suas súmulas. E, por certo, esta contempla o processo de subsunção do caso em análise ao precedente adrede estabelecido, repisa-se, potencialmente realizado de modo equivocado.

Exemplo prático de canhestra utilização de precedente descontextualizado da situação fática que não lhe atrai cabimento é evidenciado em relação ao Recurso Especial 1.340.553/RS (BRASIL, Superior Tribunal de Justiça, 2018a), que versou a respeito da delineação do instituto da prescrição intercorrente, se utilizado em decisões extintivas de ação de execução fiscal independentemente de o contexto fático da ação fulminada se enquadrar nas teses estabelecidas no acórdão, ou mesmo sem a verificação do decurso de cinco anos de trâmite processual.

Rafhael Frattari e Vinicius Alves advertem que, em sede tributária, a aplicação equivocada de um precedente, potencializada pela indevida negativa do *distinguishing*, fere a isonomia e cria desnivelamentos concorrenciais (FRATTARI; ALVES, 2017).

A implementação da metodização e a forma de aplicação prática desta podem trilhar o caminho da ministrocracia (ARGUELHES; RIBEIRO, 2019), exercício individual da atividade jurisdicional - valendo-se de norma ilegítima –, e também do *status quo* legislativo, ainda que exercida por membros de cortes colegiadas, o que colabora sobremaneira para o déficit democrático, inclusive quanto à perda da razão de ser da colegialidade.

A deslegitimação é, portanto, patente e crescente, na mesma proporção da atuação do Judiciário nessa perspectiva.

1.2.3 Análise sob a perspectiva executiva

A análise desse panorama, de modo coerente com a obra, continuará a enfocar o viés social-tributário.

Sem a visualização do sujeito passivo tributário quanto à destinação do que pagou, obscurece-se a informação - conhecimento, nos dizeres de Luís Carlos Gambogi –, a qual logo dá lugar à irresignação, imaginando nada tendo sido socialmente feito ou proposto a despeito de arrecadado valor para tanto.

Aqui se expõe um dos principais motivos de resistência contributiva.

Noutro dizer, "a transparência fiscal é conceito-chave para permitir que as decisões dos governantes sejam controláveis pelos governados..." (FONSECA; FONSECA, 2017), chancelando-as com o carimbo da legitimação.

Raul Junqueira Varela, em trabalho atinente aos sistemas tributários e administração tributária na Iberoamérica, enfatiza:

> La Administración Tributaria debe tener una estrategia para cumplir con sus responsabilidades. Hay un cierto consenso en que una Administración Tributaria moderna debe promover el cumplimiento voluntario de las obligaciones tributarias, buscando una relación equilibrada y transparente con el contribuyente, facilitándole ese cumplimiento y prestándole un servicio con los más altos estándares de calidad (VARELA, 2002, p. 31).

O Estado Democrático de Direito é verdadeiramente uma "telocracia", que pressupõe, de maneira mais preponderante que a supremacia das leis, o êxito na efetivação da política econômica e social. O fiasco nestas leva à correlata perda de legitimação. Lado outro, o atingimento da meta de melhoria das condições de vida da comunidade dota o "poder" de legitimação (BATISTA JÚNIOR, 2012).

Ao Estado Democrático de Direito não basta, para fins de legitimação, ser o "poder" democraticamente oriundo, mas, em face da escassez de recursos, que a Administração Pública, de modo eficiente, satisfaça as necessidades sociais (BATISTA JÚNIOR, 2012).

Dissertando sobre justiça fiscal, relacionando-a diretamente não só às receitas de um país, mas também à correta aplicação dos valores arrecadados, Ricardo Pereira identifica um grande problema experimentado no Brasil, que pressupõe a elevada carga de impostos, aliado ao baixo retorno pela Administração Pública (PEREIRA, 2018).

Estudo da Organização para a Cooperação e Desenvolvimento Econômico - OCDE, datado de 2014, aponta para o fato de que o Brasil é um dos países com a maior carga tributária do mundo, totalizando, no exercício de referência, 32,4% (PEREIRA, 2018).

O patamar é equivalente a países socialmente mais evoluídos (e com índices de desenvolvimento humano superiores[12]), a exemplo de Portugal (34,4%), Espanha (33,2%), Reino Unido (32,6%), Canadá (30,8%) e Estados Unidos (26%). No entanto, a identidade percentual cede a um grande descompasso quanto ao retorno de bem-estar à sociedade, gerando fértil ambiente a uma justificada insatisfação social (PEREIRA, 2018).

O Instituto Brasileiro de Planejamento Tributário (IBPT), pesquisando sobre índice de retorno de bem-estar à sociedade (IRBES), corrobora a assertiva acima destacada (INSTITUTO, 2015).

Ao listar os 30 países do mundo com maiores cargas tributárias[13], tomando por base o ano de 2013, e relacioná-las ao índice de retorno ao bem-estar da sociedade, o Brasil ocupa a 30ª posição. Isto é, dos 30 países, o Brasil teve, no período de referência, a 14ª maior carga tributária, mas o pior índice de desenvolvimento humano (IDH)[14] e IRBES (INSTITUTO, 2015).

---

12 *Vide* IRBES (INSTITUTO, 2015).

13 Nos moldes do Relatório do IBPT, é relação percentual obtida pela divisão do total geral da arrecadação de tributos por todas as esferas de um país em um ano, pelo valor do produto interno bruto - PIB (INSTITUTO, 2015, p. 3).

14 Nos moldes do Relatório do IBPT, é classificado como "medida comparativa de riqueza, alfabetização, educação, esperança de vida, natalidade e outros fatores para os diversos países do mundo. [...] serve de comparação entre os países, com o objetivo de medir o grau de desenvolvimento econômico e a qualidade de vida oferecida à população" (INSTITUTO, 2015, p. 3).

Em conclusão, o estudo assevera que:

> Entre os 30 países com a maior carga tributária, o Brasil CONTINUA SENDO o que proporciona o pior retorno dos valores arrecadados em prol do bem-estar da sociedade; [...] O Brasil, com arrecadação altíssima e péssimo retorno desses valores, fica atrás, inclusive, de países da América do Sul, como Uruguai e Argentina (INSTITUTO, 2015, p. 2).

O IBPT crava que, no ano de 2018, o brasileiro pagou impostos em montante equivalente ao que auferiu de renda por 153 dias de trabalho (INSTITUTO, 2018).

Esse contraponto é também trabalhado por Claudiane Roesel e Flávia Ferreira, com a assertiva no sentido de que:

> [...] o histórico do Brasil, com relação à imposição tributária, é traçado por insatisfações em virtude da excessiva carga tributária e, também, com a ineficaz contraprestação do Estado, isto é, o contribuinte tem um ônus muito elevado, que representa um percentual considerável em sua renda, e, por outro lado, há uma má administração do governo dos recursos arrecadados (ROESEL; FERREIRA, 2017, p. 203).

Portanto, o resultado arrecadatório precisa ser visto, conhecido e sentido pela sociedade que elegeu o administrador que vai geri-lo. No entanto, não basta fazer; deve-se, também, propiciar que o administrado exerça, de fato, coautoria na formatação e consecução de políticas públicas, a fim de reconhecer e/ou experimentar o resultado da atuação.

A legitimação da atuação executiva não se esgota na boa aplicação dos recursos, revertendo-os com resultados positivos à sociedade. Mas também na possibilidade de que o administrado participe, ativa e originariamente, não só na formulação, mas também na consecução das políticas públicas.

Não se está dizendo que o Estado, por meio do financiamento tributário, tenha condição de prestar, de maneira exemplar, a integralidade dos preceitos insertos em nossa analítica CR/88, pois tal cenário utópico se revela ingênuo perante a limitação orçamentária (BUFFON, 2010).

A questão, portanto, não deve ter foco no esgotamento, pelo Estado, da implementação de todos os direitos constitucionalmente postos, de modo irrepreensível, mas sim na investigação da razão pela qual, alijando a coautoria social, não se faz mais do que o experimentado hodiernamente, sendo cediço que a consecução de vários dos direitos mais basilares não são postos em prática, quiçá minimamente, para uma parcela substancial da população.

E não se faz mais do que se experimenta atualmente pela não rara alocação de verba em atividades alheias ao intento social, citando-se, exemplificativamente, a corrupção e os desvios de finalidade pública (LEAL, 2014). Prato cheio à deslegitimação.

A ausência de participação e transparência fiscal atrai o descontrole dos governantes pelos governados, com a corrosão da neutralidade do "governo para todos", evidenciando, muitas das vezes, as prioridades dos gestores ao atendimento de interesses de determinados setores sociais que deem arrimo à sustentação no poder (FONSECA; FONSECA, 2017).

Na mesma toada da assertiva acima, os autores destacam nuances dessa prática na gestão da coisa pública:

> Em termos de redistribuição, não há dúvidas de que a baixa taxa de retorno expõe uma situação longe do ideal normativo pré-fixado, o que indica uma corrosão da autoridade normativa da Administração Tributária e expõe a geração de tratamentos tributários desiguais, o que influi para o aumento das desigualdades regionais e sociais (FONSECA; FONSECA, 2017, p. 43).

O efeito decorrente das constatações, logicamente, não poderia ser positivo e já foi outrora exposto pelo relatório **Índice de Confiança no Judiciário** (FGV, 2017), o qual contempla, também, as demais funções estatais.

Escândalos recentes de corrupção colaboram sobremaneira para o baixo percentual, o que, invariavelmente, produz efeitos contrários à espontânea arrecadação tributária pelo sujeito passivo.

1.2.4 Conclusão parcial. Crise de legitimidade e legitimação das funções estatais

Não só quanto ao viés do Direito Tributário, mas notadamente neste, a deslegitimação do Executivo implica, a reboque, a do Judiciário e vice-versa. Se o Judiciário baliza a rápida arrecadação, os impactos são sentidos no desbalanceamento orçamentário do Executivo exequente, não lhe sendo atribuídos recursos para a implementação de políticas públicas, o que nem sempre é socialmente perceptível. De igual forma deslegitimada, se o Judiciário se vale de normas para escamotear argumentos puramente subjetivos e valorativos, em verdadeira faceta nefasta do ativismo judicial prejudicando ou desnivelando a arrecadação estatal.

Lado outro, se o crédito tributário não for regularmente constituído, a pecha relativa à não arrecadação poderá recair sobre os ombros do Judiciário, sem, contudo, verificação e ciência social de que, na hipótese, não lhe pode ser outorgada.

O fato de haver aproximadamente 30 milhões de ações de execução fiscal - conforme será mais bem delineado em capítulo específico - pendentes de julgamento no Judiciário (CONSELHO, 2021) não é atribuível somente a essa função, pois não detém ingerência na gestão da dívida ativa, notadamente no relevante ato de inscrição e observância da integralidade de suas nuances.

E a falta de diálogos racionais entre os atores institucionais agrava ainda mais a situação (FONSECA; FONSECA, 2017).

Os sujeitos passivos mantêm-se inertes diante dessa realidade, imaginando-se privilegiados pelo não pagamento tributário, no entanto olvidando-se de que são os destinatários/beneficiários da própria arrecadação.

O Legislativo, de igual modo. Nessa perspectiva, infere-se que a Lei 6.830, de 22 de setembro de 1980 (BRASIL, 1980), conhecida como Lei de Execuções Fiscais desde a sua publicação (há 40 anos), foi modificada em três oportunidades[15] com vistas a adequá-la às necessidades evidenciadas pelo patente cenário de crise arrecadatória.

Lado outro, o Código de Processo Civil de 2015, Lei 13.105/15, de 16 de março de 2015 (BRASIL, 2015), com entrada em vigor após um ano de sua publicação, já foi legislativamente adequado em sete oportunidades[16]. Sem contar as

---

15 Por meio das Leis 11.051/04, 11.960/09 e 13.043/14.

16 Por meio das Leis 13.256/16, 13.363/16, 13.465/17, 13.793/19, 13.894/19, 14.133/21 e 14.195/21.

diversas alterações legislativas perpetradas sobre o Código de Processo Civil de 1973, o qual teve vigência contemporânea à LEF por 25 anos.

Não se está pretendendo comparar a LEF, e seus 42 artigos, com o CPC/15, dotado de 1.072 artigos. Nem se desconhece a regência supletiva deste em relação àquela.

No entanto, busca-se evidenciar que o procedimento da LEF ficou relegado ao pensado e posto em prática na década de 1980, com raras atuações legislativas para o seu aperfeiçoamento, datando a última de oito anos. O mesmo esquecimento legislativo comum em relação ao sujeito passivo tributário quando da elaboração das leis se deu em relação ao procedimento da LEF. E outro não pode ser o resultado senão o descontentamento do cidadão por sua vulnerabilidade em relação à LEF, a qual lhe é verticalmente imposta (fruto de ilegitimidade e deslegitimação), e pelos pífios resultados arrecadatórios da ação de execução fiscal (CASTELLANI, 2018).

A inação legislativa é igualmente sentida por Arnaldo Godoy, ao realizar o mesmo contraponto e destacar a busca, por via de adaptações do CPC/73 (então vigente na época de sua obra citada), para dotar o processo civil de celeridade e eficácia, o que não fora espelhado ao procedimento da execução fiscal (GODOY, 2009).

Pois bem.

O reconhecimento estatal das autonomias pública e privada dos cidadãos é essencial para a verificação dos avanços, de forma a atingir-se a legitimidade do Direito por meio de procedimentos pelos quais os destinatários das normas jurídicas entendam-se, concomitantemente, como seus próprios autores e destinatários (BERNARDES; DE AZEVEDO, 2017).

Nessa senda, de forma exemplificativa e adstrita ao objeto da obra, quanto à conferência e manutenção de legitimação, o orçamento participativo é importante instrumento, por meio do qual o gestor público propicia a atividade do cidadão na alocação da arrecadação tributária, incutindo no contribuinte/responsável o senso de justiça e o reconhecimento da importância do tributo, de sorte a prestigiar o princípio da solidariedade.

Nos termos da constatação oriunda do Conselho de Desenvolvimento Econômico e Social:

> Dentre as injustiças do sistema tributário nacional, talvez o aspecto menos debatido seja a falta de cidadania tributária que, de um lado, afasta os brasileiros do pleno exercício do controle social e, de outro, do entusiasmo no compartilhamento do financiamento do Estado. A cidadania não é exercida no cotidiano da vida civil nem transparece na construção das instituições públicas. Os contribuintes brasileiros não se percebem como parte ativa e interessada no processo orçamentário, não estabelecem relações claras e diretas entre o pagamento de tributos, a aplicação dos recursos e a qualidade dos serviços públicos, e tampouco exigem informações acessíveis, transparentes e simples sobre o funcionamento do sistema tributário. Nesse sentido, é plausível considerar que a falta de cidadania se apresenta como causa e também como consequência das distorções verificadas no nosso sistema de arrecadação (CONSELHO, 2011, p. 34).

As funções estatais, no exercício de suas indispensáveis atribuições, por vezes acabam por fomentar não só as próprias ilegitimidade ou deslegitimação, mas colaboram para o que mesmo efeito seja alcançado relativamente às outras.

Comungando da assertiva, destacam Aquino, Cunha e Medeiros:

> [...] o Estado é o principal instrumento de ação coletiva da comunidade política. [...]. Sob este enfoque, a agenda de reflexões sobre o Estado impõe, para além da discussão sobre a eficácia e a eficiência de suas ações, a análise de sua legitimidade e adequação ao interesse público (AQUINO *et al.*, 2013, p. 34).

Assim, um movimento de círculo vicioso permanece fomentado.

Não só a má formulação do processo legislativo, mas principalmente a má gestão do proveito tributário arrecadado, influenciam no exercício ilegítimo (em sentido macro) das atribuições estatais (nessa hipótese, respectivamente, Legislativo e Executivo). Na mesma senda, a verificação de que falta ao cidadão a possibilidade e, talvez, instrumentos para tomar as rédeas em relação a importantes questões inerentes à sociedade, as quais lhe atingem e à sua família cotidiana e imperativamente, escancara a ilegitimidade, fulminando, inclusive, o *animus* deste em participar ativa e colaborativamente.

A hipótese faz lembrar a exceção de contrato não cumprido. Não se paga tributo, objeto de dever do sujeito passivo, porque o revés deste, próprio do caráter ambivalente do princípio da solidariedade, a implementação de direitos, propiciada pelo pagamento tributário, não é posta em prática. Ou pelo simples fato de o não exercício de atuação ativa que é inerente ao cidadão no Estado Democrático. O problema é que o contrário também se aplica em benefício de eventual argumentativo estatal, ou seja, sem o pagamento do tributo, inexiste caixa para a implementação de políticas públicas.

A má gestão da coisa pública, na hipótese os valores arrecadados pelo pagamento de tributos, por vezes utilizados para a consecução de atos de corrupção, ou para que os governantes eventuais se mantenham no poder, gera compreensível e justificado descontentamento da sociedade, com reflexos imediatos na deslegitimação dos detentores de "poder".

E, a reboque, tem-se a atuação jurisdicional, chanceladora do procedimento executivo fiscal, e por vezes impositiva - a exemplo dos precedentes - de comandos despidos de efetiva aplicabilidade, utilizando-se de estrutura humana e material insuficientes à razoável duração do processo. Tais fatos colaboram sobremaneira para a perpetuação da execução fiscal em detrimento do sujeito passivo, levando-o ao extremo de se ver executado e ter contra si a realização de atos constritivos/restritivos de toda sorte por diversos anos a fio. Atuação que potencializa a deslegitimação, mas seria suficiente para, de per si, ser assim caracterizada.

A narrativa fomenta o círculo vicioso, carente de legitimidade (atuação legislativa) ou legitimação (atuações executiva e judicial), pelo qual o cidadão é antidemocraticamente atingido em todas as esferas de sua vida.

Capítulo 2

A AÇÃO DE EXECUÇÃO FISCAL

2.1 LEI 6.830/80

A ação de execução fiscal é comumente criticada ao argumento de materializar procedimento desnivelado quanto ao exercício das faculdades processuais, de sorte a conferir ao exequente, por meio da Lei 6.830/80 (BRASIL, 1980), acentuadas prerrogativas (CALMON, 2019).

De início é importante registrar que, anteriormente ao referido diploma legal, a execução da dívida ativa se dava de modo executivo geral, regulada pelo CPC/73.

No entanto, ainda anteriormente ao CPC/73, o Decreto-lei 960, de 17 de dezembro de 1938 (BRASIL, 1938), disciplinava o tema, de maneira autônoma em relação às disposições executivas entre particulares (MARINS, 2016). Tradicionalmente, portanto, a execução da dívida ativa goza de autonomia em relação ao procedimento geral estabelecido para a execução privada.

Isto porque a identificação do interesse público que gravita em torno da ação de execução fiscal, a qual propicia a cobrança de créditos tributários, ensejou a publicação da Lei 6.830/80 (BRASIL, 1980), aparelhando a Fazenda Pública de instrumento propício, fundado na perspectiva da eficiência, para fins de arrecadação tributária.

Portanto, a LEF dispôs sobre a cobrança judicial da dívida ativa, estabelecendo procedimento diferenciado, por vezes menos solene e com prerrogativas à Fazenda Pública. Adverte-se que o tratamento à execução fiscal nesta obra se dará, exclusivamente, quanto à arrecadação de tributos, pelas pessoas jurídicas de direito público, a saber, União, Estados, Distrito Federal e Municípios, não se desconhecendo a legitimação ativa mais abrangente e a possibilidade de executar créditos não tributários (art. 2º da LEF).

Na mesma senda, James Marins reforça que o regime diferenciado disposto pela LEF, prestigiando o interesse público a ele indissociável, se deu por opção legislativa em busca da consecução de eficiência e celeridade para a satisfação do crédito exequendo, constituindo-se um regime especial impregnado de prerrogativas instrumentais (MARINS, 2016).

No entanto, de antemão adverte que "não há, no entanto, consenso quanto à legitimidade e à necessidade de um sistema especial, e muito menos consenso quanto à amplitude das prerrogativas concedidas à Fazenda Pública no mister de cobrar tais créditos" (MARINS, 2016, p. 728).

É inegável, portanto, que a LEF objetiva que a arrecadação tributária se dê rapidamente, para fins de aplicação do montante captado em prol da coletividade (CAIS, 2013).

Felipe Barcarollo crava que, no Estado Democrático de Direito, os serviços públicos constituem a concretização de políticas públicas, mediante o financiamento estatal por meio do imposto (BARCAROLLO, 2013).

Na mesma perspectiva, Paulo Coimbra Silva destaca que a arrecadação tributária não é realizada a esmo, mas sim para fins de abastecimento pecuniário dos cofres públicos de modo necessário ao financiamento das finalidades que lhe são constitucionalmente atribuídas e, por tal razão, dele exigíveis (SILVA, 2012).

Versando sobre o propósito extrafiscal dos tributos, o autor afirma a transcendência da mera arrecadação tributária, atuando na materialização de objetivos constitucionalmente traçados ao Estado:

> Prestam-se, pois, os tributos, além da percepção de receitas públicas (arrecadação *stricto sensu*), para cobrir finalidades econômicas, sociais, agrárias, urbanas, ambientais, etc., assumindo o caráter de valioso aliado para o implemento de políticas públicas (SILVA, 2012, p. 723).

A ação de execução fiscal, portanto, pode ser conceituada como "uma espécie de *processo de execução por quantia certa, fundado em título extrajudicial*, através do qual se busca a prestação da *tutela jurisdicional executiva*" (MACHADO SEGUNDO, 2014, p. 225).

Desta feita, a ação em voga, sob o influxo do interesse público, e exatamente em razão deste, prevê a mitigação de certas formalidades, relativamente à execução entre particulares, com o desiderato, além dos extrafiscais, de arrecadação tributária.

O Ministro Mauro Campbell Marques, do Superior Tribunal de Justiça, ao realizar escorço histórico da LEF, quando do julgamento do Recurso Especial 1.272.827/PE, asseverou que o referido diploma legal "teve como escopo retirar a cobrança judicial da dívida ativa da Fazenda Pública das amarras criadas pelo CPC/73..." (BRASIL, Superior Tribunal de Justiça, 2013).

O Ministro, ainda, cita a Mensagem 87, de 23 de junho de 1980, tida como exposição de motivos da LEF, na qual fora consignado que:

> [...] 4. Sobreleva, no particular, a importância da obrigação pública, com características próprias, hierarquicamente superior a qualquer outro gênero de obrigação ou privilegio de natureza privada. Predomina o interesse público - econômico, financeiro e social. Em consequência, nenhum outro crédito deve ter, em sua execução judicial, preferência, garantia ou rito processual que supere os do crédito público, à execução (*sic*[17]) de alguns créditos trabalhistas.
>
> [...]
>
> 14. A terceira alternativa mereceu preferência, porque, a par de não revogar as linhas gerais e a filosofia do Código, disciplina a matéria no essencial, para assegurar não só os privilégios e garantias da Fazenda Pública em Juízo, como também a agilização e racionalização da cobrança da Dívida Ativa.
>
> [...]
>
> 22. Com o objetivo de assegurar a realização da receita pública os melhores meios da execução judicial, o anteprojeto de lei acompanha o sistema processual do Código, acrescentando disposições capazes de conferir

17 Hialino erro de grafia no acórdão, razão pela qual a palavra "execução" deve ser lida como "exceção", em face de tal natureza quanto aos créditos trabalhistas, porque alimentares.

condições especiais para a defesa do interesse público, como é tradição em nosso Direito, desde o Império. [...] (BRASIL, Superior Tribunal de Justiça, 2013).

De modo exemplificativo, cita-se a desnecessidade de pessoalidade na citação do réu no feito executivo fiscal (art. 12, *caput* e § 3º, da LEF), em dissonância com a prescrição geral do Código de Processo Civil de 2015, em seu art. 242.

O sucesso da execução fiscal, ainda, atuaria diretamente na seara da conscientização do cidadão, quanto à necessidade e importância que a arrecadação tributária pode gerar na reversão dos valores arrecadados em benefício de toda a coletividade. Tratar-se-ia de uma faceta de prevenção geral, a demonstrar que todos estão suscetíveis de enfrentar tal procedimento.

Assim sendo, o débito tributário inadimplido gera duas importantes consequências: (i) prejudica a implementação de políticas públicas universais e gratuitas; (ii) cria descrédito em relação ao procedimental legalmente apontado para fins arrecadatórios (FONSECA; FONSECA, 2017).

2.1.1 Contexto histórico

A tributação não se distancia da perspectiva política, gerando efeitos não somente no aspecto financeiro, pois sem tributos a consecução da ação coletiva se torna prejudicada. Não deixa, também, de exercer um papel social instrumental, porquanto o sistema tributário é correlacionado à forma como os tributos são arrecadados e utilizados (FONSECA; FONSECA, 2017).

Os tributos, portanto, não devem ser apequenados à faceta de mera obrigação tributária principal, mas devem ser enxergados também como meio de financiamento dos direitos fundamentais.

Trata-se verdadeiramente de um dever de contribuir, a ser encarado como:

> [...] princípio constitucional implícito concretizador do princípio da solidariedade, previsto no art. 3º, I, da CF/88, além de ser inerente ao caráter social dos Estados atuais, que à atribuição de prestar serviços públicos, agregam a tarefa de promover a redistribuição de riquezas, tudo isso por meio de recursos, principalmente de natureza tributária (MELO, 2014, p. 248).

E a verificação do dever constitucional de contribuir para os gastos públicos não se deve dar na perspectiva de exclusivo interesse da Administração Pública, ou mesmo como contraposição ao interesse do cidadão (MELO, 2014).

O dever de pagar tributos está alicerçado no princípio da solidariedade[18], que pressupõe o pagamento limitado à potencialidade econômica, de sorte a legitimar o Estado a cobrar tributo, no entanto, com o limitador da capacidade contributiva[19]. Embora inexista um marco expresso quanto à influência da solidariedade no sistema tributário brasileiro, o comando genérico prescrito no art. 3º, I, da CR/88 não pode escapar ao mesmo (RIBEIRO, 2019).

---

18 Pressupõe a contribuição de todos os indivíduos para que objetivos comuns, sociais, sejam alcançados. A solidariedade e a tributação são lados da mesma moeda. Sem solidariedade não se justifica a tributação, ao mesmo passo que sem esta última não se implementa aquela.

19 De acordo com João Paulo Fanucchi de Almeida Melo, capacidade contributiva "é o princípio constitucional que garante o direito de o cidadão ser tributado dentro de sua realidade e individualidade, de tal modo que o poder impositivo não restrinja ou aniquile o mínimo vital ou existencial e que nem possua efeito confiscatório, e que impõe o dever de todos os indivíduos repassarem proporcionalmente aos cofres públicos parte do saldo de sua riqueza" (MELO, 2012, p. 140).

No entanto, a solidariedade não é carta em branco para que o Estado atinja a integralidade ou parcela desproporcional do patrimônio dos particulares, de sorte que os vieses tanto jurídico quanto moral do princípio pressupõem a harmonização do custeio. Portanto, o dever fundamental de pagar tributos deve ser exercido na medida justa, ponderando-se a contribuição material para a implementação do projeto social e a preservação patrimonial do particular (RIBEIRO, 2019).

Exemplo vivo e atual da solidariedade é extraído da pandemia do coronavírus. Diversos países ao redor do mundo têm destinado generosa fatia pecuniária - em alguns casos equivalente a 21% do PIB (BARRÍA, 2020) - para o enfrentamento da pandemia. E todos esperam que os governos ajam dessa forma. No Brasil, foi inicialmente implementado o denominado "coronavoucher", com abertura de crédito extraordinário de R$ 98,2 bilhões para início de um sistema de transferência de renda a pessoas economicamente hipossuficientes, dos quais substancial parte da parcela populacional, custeadora do recurso, não se beneficiará diretamente (BRASIL, 2020a).

O tema foi aguçado pela publicação, em 1998, da obra **O dever fundamental de pagar impostos**, de autoria de José Cassalta Nabais, professor da Universidade de Coimbra, originária de sua tese de doutoramento (NABAIS, 1998).

Sem pretensão de esgotamento do assunto, pois refoge ao intento desta obra, na conceituação e discussão que gravita em torno dos deveres fundamentais, parece consensual a assertiva de que a implementação das políticas públicas para a consecução do bem comum está inarredavelmente ligada à arrecadação tributária (NABAIS, 1998).

Portanto, a despeito da direta aplicabilidade dos deveres fundamentais, isto é, sem lei específica que os esmiúce, a exemplo do que deva, necessariamente, ocorrer com os direitos fundamentais, aqueles comandos são mormente destinados ao legislador ordinário, habilitando-o a legislar a respeito (NABAIS, 1998).

Na experiência constitucional brasileira, o dever referido é extraído do art. 145, § 1º, da CR/88, devidamente reconhecido no âmbito de decisões[20] do Supremo Tribunal Federal. E deve ser suficiente ao arrimo da extensa lista de direitos albergada pela analítica CR/88.

Assim, mais do que uma forma de pagamento para custeio dos serviços públicos, os impostos se revestem também da importância da imposição, pelo sistema político, de justiça econômica ou distributiva (MURPHY; NAGEL, 2005).

Os mesmos autores, ao passo que suscitam dúvidas de necessário esclarecimento, são assertivos quanto à necessidade de contribuição dos particulares para o custeio do Estado:

[20] Exemplificativamente, cita-se o inteiro teor da ADI 1.055/PI, oportunidade em que fora consignado pelo Ministro Relator Gilmar Mendes que: "É cediço que há o dever fundamental de pagar tributos, entretanto os meios escolhidos pelo Poder Público devem estar jungidos à necessidade da medida, à adequação e à proporcionalidade, em sentido estrito, de restringir os meios de adimplemento em caso de cobrança judicial, as quais não estão presentes na apreciação da legislação ora questionada. O Estado brasileiro baseia-se em receitas tributárias. Um texto constitucional como o nosso, pródigo na concessão de direitos sociais e na promessa de prestações estatais aos cidadãos, deve oferecer instrumentos suficientes para que possa fazer frente às inevitáveis despesas que a efetivação dos direitos sociais requer. O tributo é esse instrumento. Considera-se, portanto, a existência de um dever fundamental de pagar impostos, tal como proposto por Nabais (NABAIS, 1998). No caso da Constituição Federal de 1988, tal dever viria expresso no § 1º do art. 145 da Constituição..." (BRASIL, Supremo Tribunal Federal, 2016).

> Quanto cada qual deve pagar? Para que deve ser usado o dinheiro? Quais produtos ou serviços devem ser isentos de impostos ou dedutíveis da base tributária? Quais são as desigualdades legítimas e admissíveis na renda líquida da população ou nos impostos pagos por pessoas diversas? São essas perguntas – carregadas de implicações morais e ardentemente disputadas – acerca das obrigações que temos uns para com os outros através das operações fiscais do governo que rege a todos (MURPHY; NAGEL, 2005, p. 5).

A ação de execução fiscal deveria, assim, servir de instrumento coercitivo, caracterizador de prevenção geral, quanto ao tempestivo pagamento de tributos, pois claramente tem propósito financiador do Estado.

2.2 A AÇÃO DE EXECUÇÃO FISCAL EM NÚMEROS

Como já mencionado, o não pagamento de tributo a tempo e modo faz com que os credores valham-se da ação de execução fiscal.

Ocorre que, ainda assim, a despeito do desapego extremamente formal da execução fiscal, em contraponto à execução entre particulares, o que, inclusive, lhe gera críticas já externadas, a referida ação encontra óbices de toda sorte para a consecução do seu objetivo.

Não é por outro motivo que o CNJ, por meio do **Relatório Justiça em Números 2021**, aponta, historicamente, a execução fiscal "como o principal fator de morosidade do Poder Judiciário" (CONSELHO, 2021, p. 175).

De modo a comprovar a assertiva supra, o mesmo relatório indica que as execuções fiscais representam 36% do total dos casos pendentes de julgamento e 68% das execuções em curso no Brasil. De igual forma, remonta taxa de congestionamento de 87%, isto é, de cada 100 processos dessa natureza que tramitaram no ano de 2020[21], somente 13 foram baixados (CONSELHO, 2021).

Ainda, aponta o relatório que as execuções fiscais representam 46% do total do acervo processual da Justiça Federal, enquanto na Justiça Estadual o percentual é pouco menor: 38% (CONSELHO, 2021).

Apesar de o Relatório do CNJ apontar o terceiro ano consecutivo de redução no total de casos pendentes, em 11,2%, bem como a minoração de novos executivos fiscais no percentual de 21,9%, a taxa de congestionamento aumentou 0,4% em relação ao Relatório antecedente (CONSELHO, 2021). Ainda assim, o tempo de giro do acervo específico, isto é, necessário ao julgamento de todas as ações de execução fiscal pendentes, sem a distribuição de qualquer outra, pressupõe o decurso de 7 anos e 10 meses na Justiça Estadual e de 10 anos e 11 meses na Federal (CONSELHO, 2021). Uma situação alarmante![22]

---

21 O **Relatório CNJ em Números 2021**, publicado neste ano, faz referência a dados do ano antecedente, 2020 na hipótese.

22 Soma-se ao descrito, o fato de que o Relatório do CNJ leva em consideração apenas a atividade tipicamente prestada pela função jurisdicional, não se incluindo nessa análise o elevado número de processos tributários administrativos (PTAs) em curso perante a União, Estados, Distrito Federal e Municípios. Nessa perspectiva, não se pode desconsiderar que o processo administrativo fiscal dura, em média, oito anos (QUEIROZ E SILVA, 2016), o qual, somado ao tempo de duração da ação de execução fiscal, dá margem ao esvaziamento patrimonial do devedor e, a reboque, a ineficiência arrecadatória.

Ainda, o Relatório do CNJ indica a execução, como um todo, como problemática, notadamente a fiscal. Isto porque no Judiciário ingressam quase duas vezes mais ações de conhecimento do que de execução. No entanto, o acervo apresenta ordem inversa, já que a execução representa quantitativo 32,8% maior do que os feitos de natureza de conhecimento (CONSELHO, 2021).

Reflexo desses dados é a completa impossibilidade de gestão da Administração Pública, impedindo planejamento administrativo e orçamentário relativamente aos valores em execução, notadamente em razão da periodicidade das leis orçamentárias. Trabalha-se, portanto, com prognósticos, desequilibrando-se a salutar provisão exigida entre receitas e despesas públicas. E, repisa-se, tal fato colabora para a deslegitimação da função executiva.

Nem mesmo a especialização é capaz de abrandar a conjuntura, uma vez que, dos processos de execução fiscal, 76% estão em varas exclusivas, de execução fiscal ou de Fazenda Pública (CONSELHO, 2021).

A ação de execução fiscal se mostra refém de um modelo arrecadatório falido, conglobado ao baixíssimo nível de acesso, pelos cidadãos, quanto ao proveito daquela, isto é, aos bens tidos por fundamentais (FONSECA; FONSECA, 2017). Não bastasse o seu exercício, largamente utilizado pelo Estado, potencializa não só a origem ilegítima, mas notadamente os resultados deslegitimadores do proveito alcançado.

Fator certamente colaborativo é o alcance por mais de uma centena de comandos vinculativos exarados por tribunais superiores, e a canhestra utilização destes, o que foi descrito em capítulo específico.

Em números precisos, até a data de fechamento da pesquisa, em 8 de setembro de 2022, 166 pronunciamentos judiciais vinculantes, somente oriundos de temas e enunciados do STF e do STJ, são diretamente destinados à ação de execução fiscal, não se podendo olvidar que a simplificação que permeou a elaboração da LEF apontou para um resultado enxuto, com apenas 42 artigos.

Marciano Godoi destaca a sujeição das lides tributárias ao mecanismo dos recursos repetitivos, em face da possibilidade de atingimento de milhares de contribuintes em idêntica ou semelhante situação jurídica (GODOI, 2016). Ainda assim, o engessamento e a ingerência judiciais na consecução do procedimento o tornam insustentável.

Perceba-se que as curtas previsões legislativas propiciaram, numericamente, quase o quádruplo de pronunciamentos dos tribunais superiores. A proporção indica a má qualidade, seja na tipificação e/ou aplicação do procedimento, que, ao menos em tese, porque singelo, não despertaria tamanha discussão e ingerência jurisdicional.

A Procuradoria-Geral da Fazenda Nacional (PGFN) tem, paulatinamente, modificado a sua perspectiva quanto à utilização da ação de execução fiscal, razão pela qual deixa de se socorrer do Judiciário para a busca de endereço e/ou patrimônio do executado. Tal fato diminui a imposição de decisões contrárias à sua pretensão arrecadatória e dispêndio de tempo e estrutura (humana e material) em relação a situações periféricas à expropriação de bens, desiderato da ação em voga (informação verbal)[23].

[23] Entrevista concedida por Everaldo Souza Passos Filho (Procurador da Fazenda Nacional e Coordenador de Acompanhamento e Controle Gerencial da Dívida Ativa da União) (2020b).

O enfoque da PGFN passou a ser não unicamente o valor do crédito, mas principalmente o potencial de pagamento do devedor, estabelecendo-se *rating* em relação a este, desde o ano de 2016, somente sendo distribuída ação de execução fiscal em face dos qualificados com as letras "a" e "b". Os classificados como "c" e "d" não sofrem, de imediato, a execução judicial, o que não quer dizer que fiquem alheios aos atos de cobrança ou mesmo àquela, pois mensalmente todos os devedores passam por atualização das respectivas bases econômico-fiscais, o que pode alterar o *rating* precedentemente estabelecido (informação verbal)[24].

Portanto, somente se distribui ação de execução fiscal em relação ao devedor que sabidamente, pela pesquisa da PGFN, é capaz de, econômica e/ou patrimonialmente, pagar o crédito exequendo, concentrando-se esforços nos executivos que, ao menos em tese, se demonstrem viáveis (informação verbal)[25].

Diferentemente agem o Estado de Minas Gerais e o Município de Contagem[26], que permanecem adstritos ao valor do crédito destinado à recuperação fiscal, sem a análise da figura do devedor, notadamente quanto à sua capacidade econômica/patrimonial para a satisfação daquele.

Ainda assim, sob qual perspectiva que seja, parece natural, portanto, o movimento de utilização cada vez menor da originária ação de execução fiscal, privilegiando-se a sua revisitação legislativa, ou até mesmo a utilização de instrumentos arrecadatórios alheios àquela.

---

24 Entrevista concedida por Everaldo Souza Passos Filho (2020b).

25 Entrevista concedida por Everaldo Souza Passos Filho (2020b).

26 A delimitação de análise da União, do Estado de Minas Gerais e do Município de Contagem/MG se justifica pela necessidade analítica de atuação de três distintas esferas de governo, demarcadas, salvo a União, por questões lógicas, pela atuação geográfica mais intensa do autor e de possível implementação do proveito conclusivo extraído desta obra.

Capítulo 3

PRINCÍPIOS DA EFICIÊNCIA E DO DEVIDO PROCESSO LEGAL[27]

Onofre Batista Júnior classifica os princípios como "proposições fundamentais estruturantes do ordenamento jurídico e que dele fazem parte" (BATISTA JÚNIOR, 2012, p. 85).

No entanto, os princípios não podem ser apequenados somente à função programática, devendo-lhes ser reconhecida a função normativa, determinadora do *dever-ser* apto à resolução ou mesmo prevenção de um conflito (GABRICH, 2007).

De modo complementar, Frederico Gabrich entende fundamental a diferenciação entre norma jurídica e texto da norma jurídica, ou texto normativo:

---

27 Adverte-se, desde já, que a utilização do termo "devido processo legal", inobstante conhecida costumeira diferenciação que se realiza quanto ao "devido processo constitucional", se dá em razão de aquele ser o adotado pela CR/88, forte no seu art. 5º, LIV.

> [...] a norma não decorre imediatamente do texto normativo, mas é construída e, muitas vezes, reconstruída e atualizada de acordo com as necessidades sociais, por meio de interpretação. O texto da norma é apenas um sinal linguístico, pois a norma é o significado atribuído a esse sinal, por meio de interpretação (GABRICH, 2007, p. 396).

Princípios são, portanto, normas que fixam valores – mas sem esmiuçá-los – a serem protegidos por determinada sociedade, sendo certo que o seu conteúdo é variável no tempo, proporcionalmente e à medida que os valores fundamentais daquela se tornarem mutáveis.

Onofre Batista Júnior alerta que, malgrado se cogite imprecisão, oriunda da generalidade do princípio constitucional, que fixa balizamento axiológico suprajurídico, são dotados de imperatividade material, de sorte a ceifar livre interpretação pelos aplicadores, sendo determináveis na inquirição concreta do fato (BATISTA JÚNIOR, 2012).

Destes são extraídas duas facetas: a positiva, que serve de norte para a elaboração e aplicação do regramento jurídico, e a negativa, que, por sua vez, extirpa do mundo jurídico as normas e mandamentos que o adversarem (BATISTA JÚNIOR, 2012).

De toda forma, estabelece-se, portanto, o entendimento de que há possibilidade, inclusive, de existência, validade e eficácia de norma jurídica sem a respectiva disposição normativa/legal, isto é, sem enunciado linguístico, ou seja, norma jurídica implícita (GABRICH, 2007).

3.1 PRINCÍPIO DA EFICIÊNCIA

O que, no entanto, não é o caso do princípio da eficiência, o qual é expresso no *caput* do art. 37 da CR/88:

> Art. 37. A administração pública direta e indireta de qualquer dos Poderes da União, dos Estados, do Distrito Federal e dos Municípios obedecerá aos princípios de legalidade, impessoalidade, moralidade, publicidade e eficiência e, também, ao seguinte: [...] (BRASIL, 1988).

O Direito Administrativo tem natureza de contradição, pois, ao mesmo tempo que perpassa pela limitação da atividade estatal, pressupõe que esta seja mais atuante e efetiva na vida dos cidadãos. Assim, os princípios exercem verdadeiramente um papel especial, catalisador e equacionador da atuação administrativa (NERY, 2011).

O princípio da eficiência, tido por pressuposto institutivo da atuação administrativa, já era verificado no Decreto-lei 200/67, sob a rubrica do "controle de resultado" e da dispensa por ineficiência (NERY, 2011).

Na mesma toada, registre-se que a CR/88 dispõe norma originária quanto ao exercício de sistema de controle interno, objetivando a avaliação de resultados quanto à eficiência, no art. 74, II.

Já no ano de 1996, o Superior Tribunal de Justiça reconheceu, ainda que implicitamente, o princípio em voga, quando do julgamento do Recurso em Mandado de Segurança 5.590, sob relatoria do Ministro Luiz Vicente Cernicchiaro (BRASIL, 1996).

Portanto, o princípio da eficiência não foi inaugurado na principiologia da Administração Pública por meio da Emenda Constitucional 19, de 4 de junho de 1998 (BRASIL, 1998), com a inclusão deste no rol do art. 37 da CR/88.

E entendimento diverso não se sustentaria. Onofre Batista Júnior qualifica a previsão na CR/88 como figura de estilo, verdadeiro reforço linguístico, pois é inerente à Administração Pública, decorre da essência do Estado de Direito e é anseio dos administrados (BATISTA JÚNIOR, 2012).

O referido princípio já estava implícito, de modo que a alteração para que explícito fosse teve por desiderato a demonstração da substancial importância que o constituinte lhe atribuiu. Portanto, deve-se superar concepções burocráticas, com ênfase na economicidade, razoabilidade e legitimidade. Para tanto, não basta ao administrador agir bem, devendo, sem desapego à legalidade, comprovar que obteve os melhores resultados (FERRAZ; DALLARI, 2012).

Adilson Dallari adverte que o princípio da eficiência não importa em derrogação do princípio da legalidade. Pelo contrário, pressupõe que se deve objetivar cumprir a lei com a solução teoricamente possível e mais apta, diante das circunstâncias do caso concreto, ao atingimento do resultado que melhor satisfaça o interesse público (DALLARI, 2003).

Ana Rita Nery pontua, ainda, que na Constituição da Espanha o princípio é albergado de modo textual, especificamente no "Artículo 31.2. El gasto público realizará una asignación equitativa de los recursos públicos y su programación y ejecución responderán a los criterios de eficiencia y economía" (NERY, 2011, p. 69).

A autora acautela que o princípio da eficiência não detém, no Brasil, um conceito, tendo variado desde a abstrata concepção de "boa administração" até o ideário do *new public management* (NPM), o que pressuporia administradores públicos responsivos aos anseios dos cidadãos, com capacidade inovativa e responsabilidade quanto aos resultados (NERY, 2011).

Continua, asseverando que, na década de 1990, a implantação de conceitos de economia e gerenciamento chegou ao Brasil, razão pela qual a noção de eficiência passou a ser atrelada a perspectivas econômicas (NERY, 2011).

A autora, ao trabalhar conceito de Humberto Ávila, entende, assim como este, a eficiência sob a perspectiva da satisfatoriedade, de sorte que constitui um medidor do grau de atingimento[28].

Ana Rita Nery alerta que, sob tal perspectiva, a Administração Pública deve atuar de modo, ao menos, satisfatório, ou seja, numa atuação máxima. Não basta o atingimento da eficácia, ou o atendimento de um plano mínimo de necessidade pública (NERY, 2011).

Explicitando a assertiva supra, assevera que a eficácia se dá no âmbito dos efeitos jurídicos traçados objetivamente e na potencial produção de efeitos no mundo fático, independentemente da efetiva produção destes. Não se debruça se a finalidade desejada (efetividade) foi atingida, muito menos o grau desta, limitando-se à seara especulativa própria do momento inicial de projeção dos efeitos. Assim, o plano de eficácia não corresponde à concreção ou operatividade máxima da atuação (NERY, 2011).

Lado outro, a aferição da eficiência somente é possível em momento posterior à efetivação dos resultados inicialmente pretendidos no plano da eficácia, com a verificação do grau de satisfação daqueles. Destarte, inobstante eficaz, um ato jurídico pode não ser eficiente (NERY, 2011).

---

28 Observações realizadas oralmente por Ávila na palestra "Eficiência administrativa – uma visão geral", ministrada no I Congresso Internacional de Direito Administrativo da Procuradoria-Geral do Município do Rio de Janeiro, em 3, 4 e 5 de outubro de 2006 (citado por NERY, 2011, p. 74-75).

Aderente à diferenciação exposta, Onofre Batista Júnior ainda insere, para fins de esclarecimento, que a efetividade é atinente à qualidade daquilo que se manifesta de forma segura, firme, que mereça confiança. Desta feita, eficácia e eficiência são rotas de persecução da efetividade. Enquanto a busca pelo bem comum está situada na esfera da efetividade, a eficiência tem incidência sobre o instrumento de que a Administração Pública se vale para o atingimento do bem comum (BATISTA JÚNIOR, 2012).

Desta feita, a análise atinente à ação de execução fiscal se dará no plano da eficiência, pois já se sabe que, ao menos na sua elaboração, revelava-se eficaz à arrecadação. A esfera prática, os resultados alcançados, é que necessitam ser analisados.

Ana Rita Nery sobreavisa, ainda, quanto à cotidiana confusão do princípio da eficiência e da economicidade (NERY, 2011).

Embora admita ponto de interseção, a economicidade se resume à gestão e salvaguarda de recursos públicos, enquanto o princípio da eficiência tem por desiderato a adequação, na máxima medida, entre a preservação dos recursos públicos e a consecução da finalidade pública, de sorte que aquele princípio se subsume à faceta patrimonial deste último, o que se mostra equivocado, pois a aferição da eficiência não pode, apenas, estar ligada a uma vantagem econômica (NERY, 2011).

Não é por outro motivo que aduz: "O princípio da eficiência, seja na sua vertente quantitativa ou qualitativa, apresenta-se como um filtro para os demais princípios, que induz a ideia de 'satisfatividade' e não de redução de gastos" (NERY, 2011, p. 78).

A análise da ação de execução fiscal, portanto, não pode ser realizada pela verificação, unicamente, sob o espectro da economicidade, mas sob o influxo da eficiência.

Para que a solução seja mais bem entendida, a autora diferencia os prismas qualitativo e quantitativo.

Enquanto o qualitativo é pertinente ao atendimento dos anseios coletivos, sem olvidar-se das necessidades administrativas, da melhor maneira possível, o critério quantitativo está entrelaçado ao número de serviços e pessoas atingidas pela atividade administrativa, mas não ao aspecto patrimonial de balanceamento entre custos e despesas, o que fica a cargo do princípio da economicidade, "filtrado" pelo da eficiência (NERY, 2011).

No entanto, o princípio em referência é bipotencial, conquanto seja orientado tanto pela ação instrumental realizada quanto para o resultado alcançado (BATISTA JÚNIOR, 2012).

De acordo com Onofre Batista Júnior, o princípio da eficiência determina e propicia à Administração Pública a "otimização da aplicação dos meios e recursos para o melhor alcance e satisfação possível do bem comum" (BATISTA JÚNIOR, 2012, p. 90).

Enquanto norma genérica, possibilita a mutabilidade adaptativa à realidade social do momento, assegurando a releitura de dispositivos para a persecução e o atingimento, pela Administração Pública, do melhor interesse público possível (BATISTA JÚNIOR, 2012).

Tem umbilical correlação com fazer as coisas bem-feitas e cumprir o dever com minoração de custos. É relação entre recursos aplicados e produto obtido, tendo correlação com os meios, métodos e procedimentos adequados para a utilização dos recursos à disposição. Pressupõe a otimização da relação meio-fim (BATISTA JÚNIOR, 2012).

A esta altura é importante consignar que a concepção de princípio da eficiência somente faz sentido num cenário em que os recursos são relativamente escassos, pois, se abundantes, inexistiria razão para centrar debate e análise em relação à distribuição e eficiência (BATISTA JÚNIOR, 2012).

Lado outro, quando o enfoque é puramente de resultado, ingressa-se no plano da eficácia (BATISTA JÚNIOR, 2012).

O princípio da eficiência, desta feita, pode ser entendido como uma norma que propicia a superação do viés unicamente econômico à Administração Pública, determinando-a a concretização de atitudes e a consecução de resultados não só quantitativos, mas também qualitativos, com desiderato de atingimento de um grau de satisfatoriedade.

No entanto, "não tem a pretensão de exclusividade, expressando seu cunho eficientístico, que bem deve conviver com os vetores garantísticos, dentre eles os postos pela própria legalidade" (BATISTA JÚNIOR, 2012, p. 91).

O princípio da eficiência é imperativo constitucional no Estado Democrático de Direito, na medida em que neste cabe à Administração Pública a implementação de direitos sociais, econômicos, culturais, entre outros. Portanto, a ineficiência administrativa demonstraria o fracasso do próprio objetivo constitucional (BATISTA JÚNIOR, 2012).

E, como já citado, o imperativo social demanda a arrecadação tributária, do que, também por tal perspectiva da manutenção do objetivo social, extrai-se o dever de pagar tributo. E o dever da Administração Pública de cobrá-lo por meio de medida eficiente, a qual não escapa da interseção com a economicidade, quanto à relação custo-benefício.

Não se está pretendendo afirmar que do princípio da eficiência resulte o dever de pagar tributo, mas que, em relação ao crédito inadimplido, se valha a Administração Pública de meios eficientes a recuperá-lo.

Nesse viés, a ação de execução fiscal não ostenta procedimento, antes das alterações da Lei 10.522/02 (BRASIL, 2002), inseridas pela Lei 13.606/18 (BRASIL, 2018), que pudesse entregar à Administração Pública e à sociedade o melhor alcance e satisfação do fim proposto relativamente à arrecadação de tributos[29].

3.1.1 Ineficiência da ação de execução fiscal ao fim arrecadatório

A par da informalidade procedimental da LEF, a ação de execução fiscal, ainda assim, encontra barreiras para a consecução do fim de abastecer os cofres estatais, restando evidente, via de regra, pífia taxa de recuperação de crédito inscrito em dívida ativa (art. 2º da LEF).

Dados do Instituto de Pesquisa Econômica Aplicada - IPEA indicam que 36,3% das execuções fiscais da União não atingem êxito na citação, enquanto as que ocorrem por edital representam 9,9% (INSTITUTO, 2012). Ou seja, quase metade das ações de execução fiscal não promove a regular cientificação[30] do sujeito passivo, o que, invariavelmente, impacta negativamente no pagamento, adesão a parcelamento ou mesmo garantia do crédito. Isso sem contar as citações postais que são

[29] O enfoque analítico, malgrado cabível sob a perspectiva econômica do Direito, passará à margem desta obra, a fim de que não seja desfocada do seu objetivo geral.

[30] Trabalha-se com a classificação de citação meramente ficta - e não regular, efetiva - quando realizada por edital.

consideradas válidas mediante a mera entrega de correspondência no domicílio fiscal do executado, sem efetiva certeza quanto à cientificação deste.

Das execuções fiscais federais pesquisadas no período de novembro de 2009 a fevereiro de 2011, apenas 15,7% obtiveram êxito na penhora de bens ou dinheiro. Somente em 2,8% dos feitos houve a realização de leilões de bens constritos, e apenas 0,3% alcançaram resultado exitoso na venda. Tomando-se por base as exceções de pré-executividade e os embargos à execução fiscal, 10,3% das execuções fiscais federais ajuizadas contaram com algum desses tipos de defesa (INSTITUTO, 2012).

Portanto, não são os embargos à execução, menos ainda as exceções de pré-executividade - visto que estas não têm dilação probatória -, mas certamente o anacrônico procedimento descrito na LEF, somado à atuação judicial em sentido arrecadatório, e jurisdicional, que sugam a dinamicidade pensada quando da formatação da Lei 6.830/80 (BRASIL, 1980).

Não é por outro motivo que a prescrição é o principal motivo de extinção dos executivos fiscais (INSTITUTO, 2012).

Não bastasse o cenário desanimador já descrito, o panorama/percentual arrecadatório, em regra, não se apresenta diverso.

Do **Relatório PFGN em Números 2021**, com dados relativos ao ano de 2020, infere-se que a dívida ativa da União remontou, nesse exercício, R$ 2.567 trilhões, dos quais R$ 6.006 bilhões foram arrecadados por meio de execução forçada, leia-se, valendo-se de execução fiscal (PROCURADORIA, 2021). Percentualmente, equivale a 0,23% do total da dívida ativa recuperado em um ano. Inobstante nominalmente expressiva a quantia arrecadada, percentualmente não o é, nem de longe.

No entanto, a análise fria dos números e descontextualizada do cenário recente posto em prática pela PGFN camufla salutar dotação de métodos gerenciais pelo órgão, o que tem demonstrado resultados substancialmente melhores - embora não eficientes, os quais serão vistos neste tópico.

Ainda assim, não se pode perder de vista que, em reportagem veiculada no *site* da Procuradoria-Geral da Fazenda Nacional, no ano de 2016, evidenciou-se que, no período de março de 2013 a outubro de 2015, o patamar de recuperação da ação de execução fiscal girou em torno de 1%. Lado outro, no mesmo período, o percentual de recuperação do protesto extrajudicial foi de 19,2% (PROCURADORIA, 2016a).

Já no ano de 2007, foi publicado, pelo Ministério da Justiça, estudo sobre execuções fiscais no Brasil, que classifica seus dados como aterradores, sugerindo-se a desjudicialização do procedimento, com dotação de definitividade na esfera administrativa (MINISTÉRIO, 2007).

Exatamente por tal motivo, ainda no ano de 2007 havia, em curso, o Projeto de Lei 2.412/07 (BRASIL, 2007), sem prejuízo de menção ao Projeto de Lei 5.080/09 (BRASIL, 2009), os quais pretendem modificar e dinamizar a execução fiscal, com a inserção de modelo administrativo, em detrimento do sistema exclusivamente judicial. Os projetos, inclusive, foram apensados para tramitação conjunta na Câmara dos Deputados. No mesmo intuito, o Ofício 624/07 da Procuradoria-Geral da Fazenda Nacional ao Ministério da Fazenda (PROCURADORIA, 2007).

No âmbito do Estado de Minas Gerais, em artigo publicado em 2008 na *Revista Direito Público*, da Advocacia-Geral do Estado, já se vislumbrava um norte orientativo para a inibição de distribuição de ações judiciais quanto à cobrança de crédito de pequeno valor, propiciando a identificação de um novo paradigma na cobrança da dívida pelo poder público (MORAIS *et al.*, 2008).

O referido estudo chegou ao resultado de que, em 2008, o custo anual para o Estado de Minas Gerais para manter uma ação de execução fiscal no Judiciário equivalia a R$ 853,31, o que, multiplicado por dez anos e meio relativamente à média na tramitação de cada executivo fiscal, seu custo-benefício equivalia ao montante superior a R$ 8.959,76. No período de referência, dos então 156.989 processos tributários administrativos em curso no órgão estadual competente, 58%, equivalente a 90.997, remontavam crédito inferior a R$ 10.000,00. Malgrado o crédito cobrado no processo não seja fator diretamente influenciador no prazo de seu curso, evidencia qual substancial parcela estava no linear do custo estimado de cobrança por meio do Judiciário, com grande potencial para superior perda financeira do que ganho (MORAIS *et al.*, 2008).

Na esfera do Município de Contagem, o Código Tributário Municipal (CTMC), Lei Municipal 1.611/83 (CONTAGEM, 1983), estabelece, no art. 38-L, a possibilidade de desistência de ação de execução fiscal distribuída antes de 31 de dezembro de 2012, e que remonta valor atualizado inferior a R$ 7.000,00, desde que inexista causa de suspensão da exigibilidade do respectivo crédito.

O art. 38-I, por sua vez, autoriza arquivamento, sem baixa na distribuição, das execuções fiscais em condições dispostas em regulamento, com o intuito de cercar as que se mostram infrutíferas (CONTAGEM, 1983).

De igual sorte, o mesmo dispositivo legal, no seu § 1º, prevê a desistência de ações de mesma natureza com valor até R$

5.356,00, independentemente da data para aferição da quantia, bem como determina que o crédito inferior àquele não seja objeto de cobrança via ação de execução fiscal (CONTAGEM, 1983).

Na mesma toada, o Estado de Minas Gerais consolidou as alterações do Decreto Estadual 45.989/12 (MINAS GERAIS, 2012), o qual dispõe sobre o não ajuizamento de ação de execução fiscal, além da utilização de novas formas de cobrança de sua dívida ativa.

Desde 2015 foram três alterações (cinco desde a publicação) na redação originária para, sob o expresso influxo do princípio da eficiência, em reforço às previsões de início, admitir-se o não ajuizamento de ações de execução fiscal e desistir destas em relação a créditos tributários e multas com determinados valores[31], diversos, a depender da natureza de cada qual. A desistência pressupõe, entre outras hipóteses, que a ação de execução fiscal não esteja embargada, garantida e/ou o crédito com exigibilidade suspensa. Na hipótese de não distribuição da ação executiva ou desistência, adotar-se-á uma das hipóteses extrajudiciais de arrecadação, a exemplo de protesto de CDA e da inserção no Cadastro Informativo de Inadimplência em Relação à Administração Pública do Estado de Minas Gerais - CADIN/MG ou qualquer outro cadastro de proteção do crédito, seja público ou privado (MINAS GERAIS, 2012).

O Estado de Minas Gerais, malgrado lance variação de valores de alçada para a utilização da ação de execução fiscal, a depender do tributo, ou multa cobrada, assim como o

[31] Apurável pela multiplicação do número de unidades fiscais do Estado de Minas Gerais (ufemgs), descrito no Decreto 45.989/12 em relação ao valor nominal atribuído ao índice, o que pode ser extraído do *site*: http://www.fazenda.mg.gov.br/empresas/legislacao_tributaria/resolucoes/ufemg.html.

Município de Contagem, passa à margem de análise estratégica[32] igualmente em relação à situação econômica/patrimonial do sujeito passivo.

Em Contagem, as inserções no CTMC datam de 2018, portanto recentes, e influenciadas pela noção da eficiência administrativa, ao encontro da mudança de postura levada a efeito pela PGFN, notadamente a partir de 2015. De igual senda, o Estado de Minas Gerais.

Ainda assim, as atuações municipal e estadual demonstram caminhar mais lentamente, pois não se distingue, ou qualifica, a figura do devedor em relação à aptidão econômica/patrimonial deste para suportar o feito executivo. O valor é, ainda, o único filtro de seleção quanto a novas ações de execução fiscal.

A mudança perspectiva teve por desiderato uma análise, incipiente, da relação custo-benefício, evidenciando-se atrelada, ainda, à perspectiva econômica do princípio da eficiência.

No que concerne à apuração de êxito quanto à dívida ativa, igual dicotomia que distingue a União em relação aos demais entes políticos abarcados nesta obra.

Enquanto a União engloba no seu percentual de êxito, desde o ano de 2015, não só o valor efetivamente arrecadado, mas também o parcelado e o garantido no âmbito judicial[33], o

---

32 A análise estratégica tem correlação com uma verdadeira arte de aplicar os recursos disponíveis com a maior eficácia, mirando o atingimento de propósito estabelecido (GABRICH, 2010, p. 14).

33 Não se concorda com a inclusão exitosa de créditos parcelados ou garantidos em sede de ação de execução fiscal, pois o êxito é inferido da efetiva arrecadação de tributo, ao passo que o mero parcelamento e a garantia do Juízo não denotam certeza quanto à consecução integral do objetivo arrecadatório.

Município de Contagem atenta-se, exclusivamente, no que se refere ao arrecadado. E desta última sistemática não se dissocia o Estado de Minas Gerais. A União, dessarte, não mais publica nos relatórios da PGFN a avaliação percentual de arrecadação com parâmetro na integralidade do crédito ajuizado no mesmo período, ou mesmo quanto à totalidade deste, independentemente da época do ajuizamento. Inobstante, é possível, pela extração de dados a seguir expostos (PASSOS FILHO, 2020a), uma análise aproximada desse contexto.

Desta feita, malgrado o **Relatório PGFN 2019 em Números** tenha propalado índice de êxito de 22,13% na cobrança da dívida ativa da União, o percentual engloba, além do montante efetivamente arrecadado, também o crédito parcelado e o garantido, tendo por parâmetro o valor inscrito em dívida ativa nos últimos cinco anos (PROCURADORIA, 2019).

A União ajuizou, por meio de ação de execução fiscal, de 2015 a 2019, R$ 550,9 bilhões, tendo, no mesmo período, arrecadado, pela estratégia de execução forçada, R$ 21,1 bilhões, concernentes a 3,83% do total. Tomando-se por base os mesmos parâmetros temporais, foram protestados extrajudicialmente R$ 171,51 bilhões, com arrecadação nominal de R$ 4,09 bilhões, equivalente a 2,38% (PASSOS FILHO, 2020a).

Por tal razão, relativamente à análise destacada dos números da PGFN em relação a 2019, alerta-se quanto à dicotomia de arrecadação nominal expressiva, mas percentualmente ineficiente da União, tendo em consideração a ação de execução fiscal. E também o faz relativamente ao protesto extrajudicial.

Assim, ainda sob a perspectiva em análise, de 2015 a 2018, o Município de Contagem obteve êxito quanto à arrecadação de créditos por meio de ação de execução fiscal, no percentual médio, anual[34], de 5,25% do crédito inscrito em dívida ativa (FANTINI JR., 2020).

No mesmo período, o percentual médio anual de arrecadação por meio de protesto extrajudicial foi de 17,25% (FANTINI JR., 2020).

Em relação ao Estado de Minas Gerais, a arrecadação, via ação de execução fiscal, foi de 1%[35] no ano de 2015 (MINAS GERAIS, 2015).

A precisão comparativa, no entanto, esvai-se à medida que a União adota não só perspectiva estratégica diversa do Estado de Minas Gerais e do Município de Contagem, mas igualmente base de cálculo limitada aos últimos cinco anos e alargada, em relação aos demais entes políticos, contemplando valores parcelados e garantidos, para a aferição do êxito na cobrança de sua dívida ativa.

Desta feita, acaso haja, na União, execução forçada de crédito, por meio da distribuição de ação de execução fiscal, com posterior protesto em relação ao mesmo crédito, e adimplemento temporalmente próximo à cobrança extrajudicial, o êxito é a última estratégia imputada, independentemente da razão que levou o executado/protestado ao pagamento[36]. A mesma siste-

[34] No Município de Contagem a base de cálculo é o total da dívida ajuizada, e não somente o crédito ajuizado no período correlato.

[35] Meramente a título informativo, a fim de colmatar a análise atinente à União, Estado de Minas Gerais e Município de Contagem, o percentual de recuperação da Fazenda Estadual de São Paulo, no ano de 2014, via execução fiscal, foi de 0,2% (QUEIROZ E SILVA, 2016).

[36] Assim, a precisão do valor arrecadado por protesto, extrajudicial pela União, não é atingível, o que explica, conglobado ao tempo de maturação do protesto, e a ausência de novidade no procedimento, o baixo percentual descrito em relação ao período de 2015 a 2019. Informação verbal, extraída

mática é realizada em relação a todas as estratégias de cobrança, judiciais e extrajudiciais, razão pela qual não se afere, com precisão, qual, de fato, propiciou a recuperação do crédito.

É evidente que a limitação da cobrança tributária por meio de ação de execução fiscal, nas esferas de governo analisadas, não satisfaz o princípio da eficiência.

A uma porque não tem alcançado o melhor resultado, de forma a se propiciar, com a arrecadação do valor executado, a realização do bem comum.

A duas, porque não só economicamente, mas também percentualmente, o ideário da "satisfatoriedade" não é alcançado.

A três, porque há formas outras de arrecadação, à margem de atuação judicial, que têm se mostrado mais céleres e com menores custos, assim como, em regra, percentualmente superiores em relação ao resultado demonstrado via ação executiva fiscal.

Marcelo Guerra Martins, debruçando-se sobre o comportamento do contribuinte quanto ao pagamento ou não do crédito, destaca dois entre quatro fatores que são correlacionados à forma de cobrança, quais sejam, a probabilidade de sucesso na cobrança, em direta correlação com a satisfação do crédito pelo credor, e o tempo da cobrança, porquanto, se excessivo, propicia o esvaziamento patrimonial (MARTINS, 2014).

Ainda, a aplicação do meio judicial arrecadatório demanda atuação da função jurisdicional, e a superação de todas

---

da entrevista concedida por Everaldo Souza Passos Filho (Procurador da Fazenda Nacional e Coordenador de Acompanhamento e Controle Gerencial da Dívida Ativa da União) (2020b).

as mazelas descritas nesta obra, as quais se revelam correntes contrárias ao regular objetivo da ação de execução fiscal.

Não à toa, o protesto de certidão de dívida ativa (CDA) e outras formas extrajudiciais de cobrança tributária, a serem descritas em tópico específico, são crescentes, não só numérica, mas em especial percentualmente em relação à ação executiva fiscal.

Desde já é importante alertar que não se firma que os percentuais descritos neste trabalho, advindos de protesto extrajudicial, espelhem, de fato, a consecução do princípio da eficiência. Mas apenas se analisa que, numérica/percentualmente, os resultados, via de regra, são superiores em relação aos índices de arrecadação por meio do executivo fiscal.

Como medida derradeira e desesperada à arrecadação, socorrem-se os entes políticos dos paliativos programas de refinanciamento fiscal (REFIS), os quais não contribuem para a eficiência[37] das ações de execução fiscal, em sentido macro.[38]

---

37 Entende-se que, lado outro, deslegitimam a regular cobrança tributária, no exercício da atividade executiva, como corolário da verificação de uma ilegítima disposição legislativa impondo-se o pagamento em determinados termos. Quanto à função jurisdicional, resta, a exemplo da executiva, igualmente deslegitimada, com o atingimento de intento arrecadatório, ainda que potencialmente menor em razão de remissão tributária, por via oblíqua à ação que atola o Judiciário brasileiro. Ainda, privilegiam-se determinados grupos de devedores, em estado de invariável inadimplência, malferindo a livre concorrência, pois aqueles mantêm-se, assim como os adimplentes, em estado de regularidade fiscal (MUZZI FILHO *et al.*, 2018).
Os autores descrevem que desde o ano 2000, na esfera federal foram aproximadamente 30 programas de parcelamentos especiais, e que, do REFIS do referido ano, 90% foram excluídos ou aderiram a parcelamentos subsequentes, ao passo que somente 6,81% adimpliram o débito conforme aderido (MUZZI FILHO *et al.*, 2018).

3.2 PRINCÍPIO DO DEVIDO PROCESSO LEGAL

O devido processo legal detém vestígios de mais de cinco séculos antes de Cristo, especificamente na *Antígona* de Sófocles, com a invocação de princípios morais e religiosos não escritos, os quais eram opostos em face da tirania das leis escritas. No entanto, o *due process of law* - expressão inglesa que o determina - é massivamente indicado como originário da Inglaterra, em 1215, quando ao Rei João, chamado de "O Sem Terra", não restou alternativa senão concordar e aquiescer com a declaração de direitos, conhecida como Magna Carta das Liberdades (NICOLITT, 2014).

Inicialmente cunhado com o desiderato defensivo dos súditos em face das ações reais, limitando o poder do Rei, já com a Magna Carta ganhou ares de princípio da judicialidade, que reclamava a atuação de um juiz, além da textualização de outras garantias, tais quais gradação de pena, liberdade de ir e vir e propriedade privada (NICOLITT, 2014).

Com o passar do tempo, outras garantias, entre as quais a citação, a oportunidade de defesa e a duração razoável do processo, foram a esse princípio associadas.

No Brasil, o devido processo legal somente foi expressa e tardiamente consignado na CR/88, não obstante as anteriores o tenham prestigiado, ainda que de forma implícita. Esse, portanto, pode ser entendido como princípio fundamental do

Relativamente aos parcelamentos, portanto, entendem haver incentivo a contribuintes inadimplentes, fomentando-se comportamento indesejado nos próprios contribuintes, e com apego ao viés da economicidade, em detrimento da eficiência. Assim, distancia-se da eficiência sob o viés da política tributária, o que pressupõe que aquela "deve conviver com os demais princípios da legitimação tributária..." (MUZZI FILHO *et al.*, p. 365).

[38] Para tal assertiva, adota-se a sistemática da PGFN, que, malgrado haja ação de execução fiscal em curso, na hipótese de haver parcelamento, geral ou especial, atribui a arrecadação a essa estratégia, em detrimento da execução forçada.

processo civil, mas não só deste, constitucionalmente previsto, que serve de base para todas as normas (princípios e regras) do processo civil, bastando, em tese, a sua previsão pela Constituição "para que daí decorressem todas as consequências processuais que garantiriam aos litigantes o direito a um processo e a uma sentença justa" (NERY JUNIOR, 2016, p. 106).

Trata-se verdadeiramente de postulado constitucional, qualificável como gênero, e que irradia efeitos a toda a principiologia e regras jurídicas, incluída a processual civil, esteja ou não constitucionalmente prevista. Nelson Nery Junior entende ser composto, essencialmente, pelo trinômio vida-liberdade-propriedade, ou seja, perpassa, necessariamente, pelos bens da vida na perspectiva mais ampla e genérica (NERY JUNIOR, 2016).

No entanto, extravasando a seara genérica até então apresentada, mister se faz apontar a bifurcação do referido postulado:

> [...] a sua caracterização se dá de forma bipartida, pois há o *substantive due process* e o *procedural due process*, para indicar a incidência do princípio em seu aspecto substancial, vale dizer, atuando no que respeita ao direito material e, de outro lado, à tutela daqueles direitos por meio do processo judicial ou administrativo (NERY JUNIOR, 2016, p. 110).

Modernamente, impende salientar que o referido princípio foi alargado de modo que tanto doutrina quanto jurisprudência o enxergam de forma mais ampla possível, em nome dos direitos fundamentais do cidadão (NERY JUNIOR, 2016).

Assim, o devido processo legal pode ser entendido como um postulado, caro ao Estado Democrático de Direito, e que irradia efeitos não só no âmbito processual, mas também material, com vistas à proteção, em que perspectiva for, dos direitos fundamentais das pessoas.

No horizonte processual, por certo o devido processo legal agasalha o princípio da razoável duração do processo. Tucci elucida que:

> [...] o art. 8º, 1, da *Convenção Americana sobre Direitos Humanos*, assinada em San José, Costa Rica, em 22 de novembro de 1969, preceitua, *verbis:* "Toda pessoa tem direito de ser ouvida *com as devidas garantias e* dentro de um prazo razoável *por um juiz ou tribunal competente, independente e imparcial, instituído por lei anterior, na defesa de qualquer acusação penal contra ele formulada, ou para a determinação de seus direitos e obrigações de ordem civil, trabalhista, fiscal ou de qualquer outra natureza*".
>
> Oportuno, nesse passo, lembrar que o nosso País é signatário do já mencionado *Pacto de San José de Costa Rica,* que adquiriu eficácia internacional, em 18 de julho de 1978. O Congresso Nacional, posteriormente, mediante o Decreto 27, de 26 de maio de 1992, aprovou o seu texto, sendo que o nosso Governo, em 25 de setembro do mesmo ano, depositou a respectiva Carta de Adesão à apontada Convenção.
>
> Com a ulterior publicação do Decreto 678 (9-11-92), o *Pacto de San José* foi promulgado e, finalmente, incorporado ao Ordenamento Jurídico brasileiro (CRUZ E TUCCI, 1997, p. 86).

No plano desta obra, sem olvidar-se da material, será a faceta processual a que merecerá mais enfoque, de forma a propiciar a análise crítica do procedimento descrito na LEF e o seu aperfeiçoamento no âmbito de atuação federal, com arrimo na Lei 10.522/02 (BRASIL, 2002).

Capítulo 4

O CONTRAFLUXO DA COBRANÇA DO CRÉDITO TRIBUTÁRIO

A obra, em fase inicial, abordou a crescente judicialização, fazendo-se referência não só às questões de Estado, mas também às mais corriqueiras e cotidianas na relação entre as pessoas.

Na sociedade brasileira há impregnada a ideia de que o assentamento de um problema, qualquer que seja, fica mais bem resolvido pelo Judiciário.

Da maneira cunhada pelo Ministro Luís Roberto Barroso, trata-se da judicialização da vida (BARROSO, 2015).

No entanto, esse fluxo judicializatório parece estar sendo desfeito relativamente à cobrança do crédito tributário. Enxerga-se, portanto, um contrafluxo.

A tendência é que cada vez mais se utilize menos da ação de execução fiscal para fins de arrecadação tributária. E o norte estabelecido hodiernamente é de análise estratégica para a distribuição da ação executiva.

E não há qualquer problema nisso. Muito pelo contrário.

Marcus Gouvea lembra que inexiste no ordenamento jurídico brasileiro norma vigente que determine seja cogente a propositura de ação de execução fiscal. Há, em verdade, a necessidade de constituição do crédito tributário pelo lançamento, ato vinculado, nos moldes do art. 142 da Lei 5.172/66 (BRASIL, 1966), conhecida como Código Tributário Nacional (CTN) (GOUVEA, 2018).

A utilização da ação de execução fiscal, portanto, não é obrigatória. Obrigatória é, de fato, a cobrança do crédito, no entanto que o seja por meios que se demonstrem mais adequados, sob a perspectiva legal, ao viés de eficiência administrativa. Aponta-se, assim, para uma faculdade quanto à distribuição da ação de execução fiscal (GOUVEA, 2018).

O autor aponta, em breves linhas, a desconstrução da indisponibilidade do interesse público para arrimar uma pretensa obrigatoriedade da ação de execução fiscal:

> O argumento mais forte a favor da obrigatoriedade da execução fiscal não é o texto das leis, mas o princípio da indisponibilidade do interesse público. O princípio, porém, determina a cobrança dos créditos públicos, mas não estabelece a forma e os meios da cobrança, que podem seguir quaisquer procedimentos legais. Não há, pois, ainda pelo princípio da indisponibilidade do interesse público, obrigatoriedade inderrogável da propositura da execução de quaisquer créditos (GOUVEA, 2018, p. 250).

A indisponibilidade do interesse público, ao contrário de eleger uma via estanque para a consecução do objetivo arrecadatório, alinha-se ao princípio da eficiência, determinando que a cobrança do crédito se dê por meio do instrumento mais eficiente possível.

Prestigia-se, dessa maneira, não só o aspecto da economicidade, próprio da relação custo-benefício direto na busca do maior volume possível de crédito, mas também a preservação dos recursos públicos e a consecução de finalidade de igual qualificação, mirando-se o aspecto da satisfatoriedade. Não se admite, em nome da rígida indisponibilidade, que a atuação, a despeito de não arrecadar, gere gasto, malferindo a razão de ser da própria Administração Pública.

No entanto, a decisão atinente à não distribuição da ação de execução fiscal deve ser técnica, o que demanda o acesso a instrumentos que propiciem a consecução de uma análise estratégica nesse sentido.

Ocorre, nessa senda, a distorção de aparato executivo verificada entre a União e Estados e Municípios, o que poderia ser, se não extirpada, minorada ao máximo por atuação legislativa, ou mesmo implementação de convênios, a exemplo do descrito no art. 35, parágrafo único, da Portaria PGFN 33/18 (PROCURADORIA, 2018a).

Marcus Gouvea, sobre o tema, chama atenção ao fato de que, enquanto a União possui livre acesso à declaração de imposto de renda e informações quanto à movimentação financeira, transações imobiliárias e outras, em razão da existência de leis específicas, Estados e Municípios têm atuação mais restrita nesse sentido (GOUVEA, 2018).

Portanto, seria ideal que as procuradorias tivessem acesso *on line* aos dados atinentes aos principais bens e registros, por meio de um sistema informatizado e cotidianamente atualizado, responsabilizando-se o servidor que, tendo acesso, utilizar das informações de maneira imprópria (GOUVEA, 2018).

Essa sistemática potencializaria a utilização da ação de execução fiscal, já adrede identificada como possivelmente eficiente, o que, com mais relevo, daria margem para a defesa da não obrigatoriedade daquela, mas sim condicionando-se o seu ajuizamento ao prévio conhecimento de elementos mínimos que a confiram uma razoável chance de êxito, o que é hodiernamente praticado pela PGFN.

O ajuizamento lotérico, indistinto de ações executivas fiscais, valendo-se de fatores não atribuíveis ao credor para a arrecadação tributária, atua em contraposição à atuação estratégica que não deve ser dissociada do princípio da eficiência e em nada salvaguarda a indisponibilidade do crédito tributário.

Nos próximos tópicos, adentrar-se-á em análise nesse viés, o que corrobora o contrafluxo judicializatório em matéria de arrecadação tributária.

4.1 COBRANÇA ADMINISTRATIVA

4.1.1 Protesto de certidão de dívida ativa

Das medidas administrativas implementadas para fins de arrecadação tributária, talvez seja o protesto o principal expoente.

Inicialmente, em consonância com a prescrição do art. 1º da Portaria PGFN 75/12 (PROCURADORIA, 2012), o órgão, porque não ajuizava créditos fiscais de até R$ 20.000,00, protestava tais valores. Após a edição da Portaria PGFN 429/14 (PROCURADORIA, 2014), o valor de alçada passou para R$ 50.000,00, sendo, atualmente, de até R$ 1.000.000,00 em razão da Portaria PGFN 693/15 (PROCURADORIA, 2015). A par do descrito, relembre-se que a PGFN não opta pela estratégia de cobrança com arrimo única e exclusivamente pelo valor do crédito, mas, notadamente, pela situação econômico-patrimonial do devedor.

Como já descrito antecedentemente, também o Estado de Minas Gerais e o Município de Contagem se valem de valores de alçada, com a atuação preferivelmente extrajudicial, até o seu atingimento.

No entanto, é preciso estabelecer se, efetivamente, o protesto de CDA pode ser levado a efeito, ou se constitui sanção política, vedada, portanto, para fins de arrecadação tributária.

O Supremo Tribunal Federal qualificou sanção política como "meio indireto coercitivo para pagamento de tributo..." (BRASIL, 2014), quando da seleção do Recurso Extraordinário 565.048/RS como tema 31, selecionado com repercussão geral.

Entende-se a sanção política como o meio indireto de cobrança de tributos, com a imposição de restrições, com nítido propósito coercitivo, com mitigação de direitos fundamentais, ou mesmo coativo, para o adimplemento do tributo, atuando-se, desta feita, à margem de procedimento legal ou juridicamente prescrito para atingimento do fim proposto.

A celeuma instaurou-se após a inclusão do parágrafo único no art. 1º da Lei 9.492/97 (BRASIL, 1997) pela Lei 12.767/12 (BRASIL, 2012), o que fez incluir a CDA entre os títulos sujeitos a protesto.

Cleide Cais informa contrariedade a tal possibilidade:

> Nota-se que o protesto da CDA na verdade constitui uma sanção política, dotada do objetivo de forçar o contribuinte a recolher o valor do crédito tributário, sem a propositura da execução fiscal, veículo adequado para tanto (CAIS, 2013, p. 549).

De igual forma, Frederico Menezes Breyner, quanto à utilização do protesto extrajudicial como meio de cobrança do crédito tributário sem a previsão sistêmica de meio de defesa específico ao protestado: "Como o atual ordenamento não prevê tal modalidade típica de defesa, entendemos aqui pela inconstitucionalidade da cobrança por meio do protesto extrajudicial da CDA" (BREYNER, 2015, p. 376).

No entanto, o Supremo Tribunal Federal, quando do julgamento da Ação Direta de Inconstitucionalidade 5.135/DF, fixou a tese de que:

> O protesto das Certidões de Dívida Ativa constitui mecanismo constitucional e legítimo, por não restringir de forma desproporcional quaisquer direitos fundamentais garantidos aos contribuintes e, assim, não constituir sanção política (BRASIL, 2016a).

O afastamento da caracterização do protesto como sanção política teve arrimo no entendimento de que a configuração desta pressupõe a coercitividade quanto ao recolhimento de tributo por meio de restrição de direitos fundamentais dos contribuintes, o que passa à margem da hipótese de protesto da CDA. Isto porque, inobstante seja a ação de execução fiscal o instrumento típico para arrecadação tributária, não se veda esse desiderato por meios alternativos àquela. Ademais, o STF entende adequada a medida à consecução da justiça fiscal, sem tolher do contribuinte a possibilidade de ingresso no Judiciário para discussão do crédito respectivo.

Carlos Augusto Daniel Neto endossa o entendimento sedimentado pelo STF, ao argumento de que não faria sentido a possibilidade de protesto de crédito privado sem que tal medida fosse ofensiva à livre-iniciativa e à liberdade profissional, vedando-se, no entanto, pelos mesmos fundamentos, o protesto de crédito público (DANIEL NETO, 2019).

No mesmo desiderato, o Superior Tribunal de Justiça, como não poderia ser diferente, eis que a decisão do STF fora proferida em sede de controle concentrado de constitucionalidade, portanto dotada de efeitos *erga omnes* e vinculante, quando do julgamento do Recurso Especial 1.686.659/SP, qualificando-o como representativo de controvérsia - tema repetitivo 777 -, sedimentou o seguinte entendimento: "A Fazenda Pública possui interesse e pode efetivar o protesto da CDA, documento de dívida, na forma do art. 1º, parágrafo único, da Lei 9.492/1997, com a redação dada pela Lei 12.767/2012" (BRASIL, 2018b).

Na fundamentação, o STJ valeu-se, notadamente, do princípio da separação das funções estatais, previsto no art. 2º da CR/88, para asseverar que a utilização legal dos genéricos termos "títulos" e "outros documentos de dívida", bem como a qualificação, tanto pela LEF quanto pelos CPC/73 e CPC/15[39], da CDA como título executivo extrajudicial, dá margem à conclusão alcançada.

Jules Queiroz e Silva, em estudo técnico da consultoria legislativa da Câmara dos Deputados, datado de 2016, aponta que, no âmbito federal, entre os anos de 2013 e 2015, 636.088 CDAs foram protestadas, com valor equivalente a R$ 3,5 bilhões, tendo atingido índice de recuperação na casa dos 18,3%, ou R$ 646,5 milhões (QUEIROZ E SILVA, 2016).

Cada vez mais se buscam instrumentos para o incremento arrecadatório, pois, sendo público, o crédito é titularizado por toda a sociedade, não sendo crível que a Fazenda Pública continue arrecadando, por meio de executivo fiscal, percentual de cerca de 1% na esfera federal, o que faz do fisco um péssimo credor (CASTELLANI, 2018).

---

[39] Art. 585, VII, do CPC/73 e art. 784, IX, do CPC/15.

Na mesma senda, Flávio Bernardes e Karol Durço destacam preocupação em relação à eficiência administrativa na exigência do crédito tributário inadimplido, asseverando que a morosidade arrecadatória e fiscalizatória beneficiam, exclusivamente, o contribuinte inadimplente, além de estimular a inobservância dos deveres legais pelos sujeitos passivos (BERNARDES; DURÇO, 2016).

A título informativo, o protesto pelo Estado de São Paulo, no exercício de 2014, relativamente aos créditos de IPVA e ICMS, chegou a 16% de recuperação (QUEIROZ E SILVA, 2016).

O protesto extrajudicial, no entanto, deve ser utilizado de maneira objetiva, indistinta, preferivelmente em larga escala, a exemplo do que tradicionalmente se faz com a ação de execução fiscal, de sorte que é inegável que a eleição do crédito a ser protestado colabora sobremaneira para seu sucesso percentual em relação à ação judicial.

E essa perspectiva poderia, inclusive, suscitar alegação de violação ao princípio da impessoalidade, inserto no art. 37 da CR/88, pois se deve objetivar critério eletivo para a utilização do protesto.

O subjetivismo seletivo do protesto extrajudicial, se presente, corrói seu próprio fundamento calcado no princípio da eficiência.

Isto porque mesmo o percentual arrecadatório de 18%, ou próximo a este, não se mostra, de fato, eficiente[40].

---

[40] O estabelecimento de percentual que daria ensejo à qualificação de determinado resultado como eficiente passa à margem do objeto da obra, malgrado o bom senso determine a ineficiência de uma medida que beira, apenas, os 18% da eficácia aspirada. Ou mesmo a comparação ao art. 891 do CPC/15, que qualifica como vil o lance, em leilão judicial, que não alcance, ao menos, 50% do valor de avaliação.

Ainda, o princípio da eficiência, conforme já destacado em tópico específico, não pressupõe exclusivamente o viés da economicidade, mas propugna o atingimento de resultados qualitativos, em grau de satisfatoriedade, sem olvidar-se da harmoniosa convivência com vetor garantístico, próprio da legalidade. Daí falar-se, com mais propriedade, em determinados casos, de incremento arrecadatório no lugar de atuação eficiente.

No entanto, o resultado não macula a sua, via de regra, boa *performance* (em relação ao executivo fiscal), o que parece influenciar a ação de execução fiscal numa perspectiva de análise estratégica, a ser mais bem trabalhada no tópico seguinte.

Comungando do entendimento fixado pelo STF, Fernando Castellani entende que a utilização do protesto premia duplamente a coletividade, por meio da publicização[41] de informações dos devedores, o que confere mais segurança nas relações negociais e diminuição das demandas submetidas ao Judiciário. Portanto, alerta que o protesto de CDA não atende somente os interesses da Fazenda Pública, mas, pelo narrado acima, prestigia o interesse público (CASTELLANI, 2018).

Na mesma seara, promove a isonomia material, concernente na igualdade com a sistemática do que é levado a efeito com os devedores de credores privados, por meio de restrição ou diminuição de crédito no mercado financeiro (CASTELLANI, 2018).

---

41 Necessária observância de que a execução fiscal também goza da publicidade inerente ao protesto extrajudicial, malgrado não tenha, aparentemente, a mesma força mercadológica desse último. Crê-se, inclusive, que, em razão da crise de legitimidade e legitimação abordada em tópico específico, além do decurso de tempo necessário para que, com arrimo no procedimento da LEF, seja lançada restrição de caráter geral, própria do art. 185-A do CTN, prefira-se a utilização do protesto para tal desiderato, pois imediatos os efeitos a partir do transcurso do prazo de três dias para pagamento.

No entanto, o viés crescente de desjudicialização da cobrança tributária não se limita ao protesto de CDA, inobstante pareça ser este, de fato, seu principal difusor.

4.1.2 Transação tributária

De início neste tópico, não se pode deixar de mencionar que a ideia atinente à transação tributária não é nova, já que há previsão expressa do instituto no art. 171 do CTN, mas pendia este de regulamentação.

Seu intento, que pressupõe a realização de concessões recíprocas, busca a minoração da litigiosidade e o incremento arrecadatório.

Na perspectiva de consecução de atos extrajudiciais para incremento arrecadatório, a União editou e vem se utilizando do disposto na Lei 13.988/20, que autoriza a implementação de transação tributária, nos limites legalmente postos (BRASIL, 2020). Pela norma, priorizam-se créditos inscritos em dívida ativa e considerados irrecuperáveis ou de difícil recuperação, sendo que tais qualificações obedecem a critérios técnicos e objetivos insertos não somente na lei, mas também na Portaria PGFN 9.917/20 (PROCURADORIA, 2020b).

Pratica-se, desta feita, uma análise estratégica, calcada no princípio da eficiência, além de racionalidade e economicidade, para, qualificando-se o crédito, e o devedor, sopesar-se o grau de recuperabilidade daquele como forma de atingir o melhor resultado possível. A previsão do respectivo princípio é expressa no art. 1º, § 2º, da lei sob enfoque.

São modalidades de transação: (i) por proposta individual ou por adesão, na cobrança de créditos inscritos em dívida ativa da União, suas autarquias e fundações públicas, ou quanto à cobrança de créditos que seja de competência da Procuradoria-Geral da União; (ii) por adesão, em relação às demais hipóteses de contencioso judicial ou administrativo tributário; e (iii) por adesão, relativamente ao contencioso de pequeno valor - até 60 salários mínimos (BRASIL, 2020).

A proposta de transação, que pode ser de iniciativa da União, ou do devedor, por si só, não gera automático efeito de suspensão da exigibilidade dos créditos por ela abrangidos, ou mesmo do curso da ação de execução fiscal, sem prejuízo de que as partes convencionem tal efeito nos autos, utilizando-se da norma geral processual.

Se o devedor der margem à rescisão da transação, além de impossibilitado de se utilizar do instituto por dois anos, afastam-se os benefícios concedidos, restabelecendo-se o montante originariamente devido (BRASIL, 2020).

Os benefícios à adesão dos acordos podem ser, exemplificativamente, desconto em relação aos débitos irrecuperáveis ou de difícil recuperação, parcelamento, flexibilização de regras de aceitação, substituição e liberação de garantias, compensação com precatórios, dentre outros (PROCURADORIA, 2020a).

Pode a transação tributária, assim, ser conceituada como "meio alternativo de natureza consensual de resolução de conflitos na seara tributária" (POLO, 2017, p. 31), no qual, necessariamente, há concessões recíprocas, sob pena de caracterização de renúncia.

Marcelo Polo desfaz entendimento quanto à violação, pelo instituto em voga, da pretensa indisponibilidade do crédito tributário, citando exemplo já existente na legislação pátria, especificamente no art. 5º, § 6º, da Lei 7.347/85, que, regulando a ação civil pública, admite a celebração de termo de ajustamento de conduta (TAC) (POLO, 2017).

Ao citar o exemplo alemão, Marcelo Polo destaca que, diferentemente da legislação brasileira, na qual há expressa autorização para a transação tributária, o Código Tributário daquele país (*Abgabenordung*) possui previsões de substancial viés consensual. Exemplificativamente, há "entrevista final" (§ 201) que precede o lançamento de ofício, para acertamento de questões fáticas controvertidas, bem como, após o lançamento, no entanto ainda na esfera administrativa, admite-se acordo quanto a questões fáticas, ou não, desde que controvertidas (§ 364A) (POLO, 2017).

Revela-se interessante a celebração de "acordos sobre fatos", o que propiciaria a aplicação da lei tributária e correspectivo lançamento, de forma a vincular as partes que não poderiam travar discussão jurídica – de que natureza for – sobre o que fora objeto do acordo. Logicamente a situação pressuporia a objetiva constatação de controvérsia sobre a situação fática delineada e que serviria como base para a imposição tributária. Isto porque, em regra, pressupõe-se a terminação do litígio com a celebração da transação, o que não é efeito necessário quando da celebração de "acordos sobre os fatos". Mas retiraria essa discussão da ação de execução fiscal, dinamizando a arrecadação, em consonância com o art. 5º, LXXVIII, da CR/88 (BRASIL, 1988).

Por certo, nessa hipótese, a tecnicidade deve reger as hipóteses passíveis de acordo, de forma objetiva, portanto despida de qualquer liame subjetivo.

Marcelo Polo, quanto ao instituto, a exemplo do já descrito, faz alerta de que há entrave concernente ao fato de que o CTN qualifica a transação como forma de extinção do crédito, o que não daria margem à implementação da transação somente quanto aos fatos, inobstante seja cediço que se trata de impropriedade da Lei 5.172/66 (BRASIL, 1966), pois somente após o cumprimento de todos os termos e condições porventura transacionados é que a extinção do crédito terá lugar (POLO, 2017).

Registre-se que, somente até julho de 2020, a União, por meio da PGFN, havia negociado 204 mil débitos, com resultado arrecadatório na ordem de R$ 18,8 bilhões (PIERONI, 2020). E no último **Relatório PGFN em Números 2021** fora divulgado o montante arrecadado de R$ 81,9 bilhões, por meio de negociação de 800 mil débitos (PROCURADORIA, 2021).

Dentre estes, a PGFN e o Cruzeiro Esporte Clube celebraram paradigmática transação tributária, na modalidade como acordo de transação individual, proposto pelo devedor, pela qual foram concedidos aproximadamente R$ 150 milhões em desconto sobre o valor de encargos. O montante objeto da transação, R$ 324 milhões, será pago em 60 parcelas mensais quanto às dívidas previdenciárias, e 145 parcelas para os demais débitos (PROCURADORIA, 2020).

Na perspectiva de concessões recíprocas, o devedor abriu mão de depósito em seu favor, no valor de R$ 6,4 milhões, servível como entrada dos pagamentos, mas em contrapartida recebeu a liberação de restrições/constrições da sede campestre II, a partir de então passível de livre disposição (PEREIRA, 2020).

O instituto, recentemente regulamentado, já vem se mostrando viável à recuperação de crédito, devendo estabelecer-se como importante alternativa tanto ao credor quanto ao devedor tributário.

4.1.3 Regime diferenciado de cobrança de créditos

Noutro giro, mas ainda com influxo, mesmo não exclusivo, sob a perspectiva extrajudicial de arrecadação, cite-se a Portaria PGFN 396, de 20 de abril de 2016, a qual regulamentou o regime diferenciado de cobrança de créditos – RDCC, no âmbito do referido órgão federal (PROCURADORIA, 2016).

O RDCC contempla a adoção de medidas administrativas e judiciais, para a otimização da cobrança da dívida ativa da União.

Exemplificativamente, cita-se destacado e periódico acompanhamento patrimonial de determinados devedores, objetivando a localização de patrimônio passível de constrição/restrição, protesto de CDAs e acompanhamento destacado e periódico de parcelamentos, com orientação e conscientização da necessidade e benefícios de manutenção tempestiva dos pagamentos. Ainda, acompanhamento prioritário e periódico de ações de execuções fiscais garantidas ou suspensas, para que, nesta última hipótese, seja cessada a causa e possa o feito ter regular curso (PROCURADORIA, 2016).

Destaca-se, ainda, como integrante do RDCC, dispositivo que determina a suspensão, pelo art. 40 da LEF, das execuções de valor consolidado igual ou inferior a R$ 1 milhão, desde que não se vislumbre dos autos garantia útil, isto é, aquela que não seja de difícil alienação, não seja irrisória e com valor comercial (PROCURADORIA, 2016), providência que, somente em 2019, atingiu 200 mil processos e, desde 2016, 1,6 milhão de arquivamentos em ações que se mostrem sem relevante potencial de recuperação (PROCURADORIA, 2020a).

A possibilidade suspensiva pode ser caracterizada como um:

> [...] sistema de aprimoramento inteligente da qualidade dos créditos executados, seguindo uma ordem de antiguidade, assim como poder monitorar dados do perfil do executado – grandes devedores contribuintes

> precisam de tratamento especializado, unificando as execuções e possibilitando acordos judiciais –, informações essas que poderiam surgir por intermédio, por entrelaçamento de informações de outros órgãos públicos via convênios (ALMEIDA; VITA, 2018, p. 118).

O RDCC é, portanto, fundamental instrumento servível à fortificação de estratégias - judiciais e administrativas - de cobrança, municiando-lhes com relevantes informações indispensáveis às suas utilizações.

4.1.4 Cadastro informativo de créditos não quitados do setor público federal

Outra ferramenta de grande valia para a União quanto à cobrança administrativa de seu crédito é o cadastro informativo de créditos não quitados do setor público federal, conhecido como CADIN, disposto na Lei Federal 10.522/02 (BRASIL, 2002).

Por meio da inserção no referido cadastro, a PGFN confere publicidade à existência de inscrição em dívida ativa que não goza de suspensão da exigibilidade, com a inclusão cadastral no prazo de 75 dias após a comunicação do devedor relativamente à existência do débito.

O art. 6º da lei de referência pressupõe a antecedente consulta ao CADIN, pelos órgãos e entidades da Administração Pública Federal, direta ou indireta, condicionando-se à ausência de lançamento da respectiva pessoa (física ou jurídica) no cadastro para a realização de operações de crédito quanto a recursos públicos, concessão de incentivos fiscais e financeiros, bem como a celebração de acordos, ajustes, contratos ou convênios que pressuponham desembolso de recursos públicos.

De acordo com dados da PGFN, a sistemática de mera inclusão no cadastro foi responsável pela arrecadação, no ano de 2020, de R$ 1,113 bilhão. Lado outro, o protesto de CDAs alcançou, no mesmo período, a quantia de R$ 1,721 bilhão (PROCURADORIA, 2021). A soma de somente duas das variadas modalidades de cobrança administrativa, que se resumem, respectivamente, à inserção de dados em sistema próprio ou envio de título (CDA) ao cartório de protesto, representou, em 2020, R$ 2.834 bilhões, equivalente ao percentual de 47,18% do crédito arrecadado por meio da ação de execução fiscal. (PROCURADORIA, 2021). Ocorre que há abissal discrepância entre o custo da ação executiva fiscal e o lançamento do débito no CADIN, sistema próprio da PGFN, o que denota, certamente, maior grau de satisfatoriedade na consecução do bem comum (e melhor relação custo-benefício) deste último, qualificando-o, na perspectiva desta obra, como instrumento mais apto à eficiência.

Em seu favor, o fato de se dar exclusivamente na seara administrativa, com a inserção de dados em sistema próprio, alheio, portanto, à burocracia da interlocução com diversa função do Estado. Igualmente, sem o dispêndio de custo substancial para a respectiva implementação.

4.1.5 Demais atuações estritamente administrativas para a cobrança tributária

Ademais, com o desiderato de incrementar a cobrança administrativa, a PGFN passou a compartilhar com a Serasa, eletronicamente, sua base de débitos inscritos em dívida ativa.

Essa sistemática é classificada por Fernanda Ribeiro e Leonardo Machado como propiciadora de constrangimento do devedor, no intuito de obrigá-lo ao pagamento (RIBEIRO; MACHADO, 2018).

Entende-se, lado outro, constituir-se hipótese coercitiva e proporcional – dentro das margens legais e constitucionais – ao nobre intento arrecadatório para se fazer frente à salvaguarda dos direitos fundamentais, o que perpassa pelo viés substancial do postulado do devido processo legal.

Também, por meio do sistema parametrizado de negociações – SISPAR, há possibilidade de o devedor optar pelo débito em conta corrente, o que facilita a regularização, de forma a afastar incidência de juros e a burocrática emissão de guias, além de demover a possibilidade de rescisão do parcelamento em razão do esquecimento de pagamento da parcela (PROCURADORIA, 2020a).

E mais, verifica-se ser crescente a utilização de *call center* para a cobrança do crédito tributário. Estados e Municípios têm se valido do expediente, alguns dos quais incrementando substancialmente os valores arrecadados (RIO DE JANEIRO, 2018). Já é realidade, *v.g.*, nos Estados de Goiás e Pará (PIMENTEL, 2018). A sistemática é salutar, logicamente desde que não interfira no exercício de competência de quem pretende receber o crédito, de sorte a não se caracterizar como delegação de capacidade tributária ativa, mas, verdadeiramente, intermediação/consecução de atos materiais de apoio, para maior arrecadação com menor custo.

No âmbito federal há previsão expressa do expediente no art. 9º do Projeto de Lei 1.646/19, em trâmite na Câmara dos Deputados, com o desiderato de estabelecer medidas de combate ao devedor contumaz e fortalecimento da cobrança pelo procedimento da LEF (BRASIL, 2019).

No Chile, geograficamente próximo ao Brasil, e integrante do Mercosul, razão pela qual sua sistemática executiva fiscal será objeto de análise em tópico adiante, o índice de maior eficiência arrecadatória se dá em relação a pequenos devedores, via cobrança por *call centers* (QUEIROZ E SILVA, 2016).

Registre-se que a arbitragem tributária, malgrado não desconhecidos os Projetos de Lei 4.257/19 (BRASIL, 2019a) e 4.468/20 (BRASIL, 2020c), não será objeto do trabalho, em razão da atualidade e pujança das demais formas de cobrança.

Malgrado salutares as medidas ora descritas, a discussão se mostra mais acalorada quanto à inovação da Lei 10.522/02 (BRASIL, 2002).

4.1.6 Procedimento de execução fiscal afeto à Procuradoria-Geral da Fazenda Nacional. Lei 10.522/02. Análise sob a perspectiva do devido processo legal

A Lei 10.522/02 (BRASIL, 2002), que originariamente versa sobre o CADIN, foi, ao longo do tempo, legislativamente retalhada, o que culminou na previsão de outros institutos diversos daquele.

Mais recentemente, sem dúvida, o de maior interesse e polêmica adveio da alteração perpetrada pela Lei 13.606/18 (BRASIL, 2018), notadamente quanto à averbação pré-executória, com o intuito de dotar o modelo de cobrança do crédito tributário federal de instrumento que propicie mais celeridade na consecução do objetivo traçado.

4.1.6.1 Averbação pré-executória

O instituto em voga, inserto na Lei 10.522/02 (BRASIL, 2002), com a redação que lhe foi conferida pela Lei 13.606/18 (BRASIL, 2018a), e regulamentado pela Portaria PGFN 33/18

(PROCURADORIA, 2018a), garantiu a inserção do art. 20-B, § 3º, II, e do art. 20-E na Lei 10.522/02 (BRASIL, 2002), com a possibilidade de averbação da CDA em órgãos registrais de bens e direitos sujeitos a arresto e penhora, de forma a gravá-los com a indisponibilidade. Ademais, a alteração legislativa conferiu guarida jurídica ao ajuizamento seletivo de ações de execução fiscal, nos termos do art. 20-C do mesmo dispositivo legal.

Perceba-se, de plano, que o lançamento de indisponibilidade não pode ser equiparado à expropriação de bens, pois, por si só, não dá ensejo à alteração de propriedade.

Ainda, possibilitou à PGFN a edição de ato complementar ao cumprimento de tal faculdade procedimental, razão pela qual, conforme alhures já adiantado, foi publicada a Portaria PGFN 33/18 (PROCURADORIA, 2018a).

Instaurou-se, na esfera federal, pois o regramento normativo não foi destinado a pessoa jurídica diversa da União, um verdadeiro procedimento híbrido, com a consecução de atos de garantia na esfera administrativa, julgamento de impugnação de mesma natureza e posterior distribuição da ação de execução fiscal perante o Judiciário.

Especificamente no âmbito administrativo, foram contemplados, notadamente, os institutos da averbação pré-executória, do ajuizamento seletivo e novos serviços de garantia antecipada da dívida.

A oxigenação legislativa predispõe que, inobstante não obrigatória a distribuição da ação de execução fiscal, atentando-se aos mais expressivos, mas não necessariamente eficientes, resultados alcançados por via de instrumentos extrajudiciais de arrecadação, o intento não é de abandono daquela, mas sim a utilização, na esfera federal, em consonância com os preceitos da lei, de modo a ostentar fase administrativa, sem prejuízo da judicial.

No entanto, logicamente, a alteração normativa levada a efeito gerou críticas e insurgências judiciais, a exemplo da ação direta de inconstitucionalidade (ADI) 5.881 (BRASIL, Supremo Tribunal Federal, 2020c), em conjunto com as ADIs 5.886, 5.890, 5.925, 5.931 e 5.932, quanto ao art. 25 da Lei 13.606/18 (BRASIL, 2018), o qual propiciou, exatamente, o instituto sob apreço.

As ADIs foram distribuídas sob a relatoria do Ministro Marco Aurélio, que entendeu pela inconstitucionalidade do dispositivo impugnado.

Em fundamentação ao seu voto, o ministro relator asseverou que o art. 25 da Lei 13.606/18 (BRASIL, 2018) gozaria de inconstitucionalidade formal, pois atuaria ao arrepio do disposto no art. 146, III, "b", da CR/88, uma vez que na locução "crédito tributário" estariam insertos os instrumentos legais para efetivação da cobrança pela Fazenda Pública. Na hipótese, exemplificou que o lançamento de indisponibilidade, prescrito no art. 185-A do Código Tributário Nacional, foi inserido em norma com *status* de lei complementar, diferentemente na natureza ordinária da lei sob enfoque (BRASIL, 2020d). Seguiram o relator os Ministros Nunes Marques (BRASIL, 2020e) e Luiz Edson Fachin (BRASIL, 2020f).

Do mesmo entendimento, comungam Glauber Mesquita e Rafhael Frattari, ao argumento de sistematicidade da ordem tributária, gravando-a com racionalidade e uniformidade (MESQUITA; FRATTARI, 2018).

Na perspectiva material, o ministro relator entendeu haver inconstitucionalidade, ao designar que:

> Com a edição da norma impugnada, a instituir a denominada "averbação pré-executória", o legislador ordinário promoveu verdadeiro desvirtuamento do sistema de

> cobrança da dívida ativa da União, ante a previsão de espécie de execução administrativa dos débitos, em desarmonia com as balizas constitucionais no sentido de obstar ao máximo o exercício da autotutela pelo Estado. [...] Constitui passo demasiadamente largo, incompatível com os princípios constitucionais do contraditório e da ampla defesa – artigo 5º, inciso LV, da Constituição Federal –, franquear-se à Administração [...] o poder de bloquear unilateralmente os bens de contribuintes inscritos em dívida ativa, ausente intervenção do Estado Juiz, levando-se em conta a necessidade de a Fazenda Pública buscar o Judiciário visando à cobrança, mediante o adequado processo executivo fiscal, do que devido.
>
> Surge inviável, sob qualquer ângulo de análise, compatibilizar o previsto na norma questionada com o disposto no artigo 5º, inciso LIV, da Constituição Federal, segundo o qual "ninguém será privado da liberdade ou de seus bens sem o devido processo legal", diretriz ínsita ao regular funcionamento do Estado Democrático de Direito (BRASIL, 2020e).

Ainda, o ministro citou o art. 185-A do CTN, outrora já referido o qual determina, mediante chancela judicial e após o esgotamento na localização de bens penhoráveis, o lançamento da indisponibilidade, com relevo à origem do dispositivo na Lei Complementar 118/05 (BRASIL, 2005) (BRASIL, 2020e).

Por fim, o relator entendeu que a inversão da ordem posta, isto é, de o credor ter que provocar o Judiciário para a satisfação do seu crédito, verdadeiramente imporia uma sanção política, pois não seria outro o intuito senão, mediante ato de império, induzir o devedor a satisfazer o débito apontado. Por arrastamento, foram também declarados inconstitucionais os arts. 6º a 10 e 21 a 32 da Portaria PGFN 33/18 (PROCURADORIA, 2018a), regulamentadores dos dispositivos legais objeto de controle de constitucionalidade (BRASIL, 2020e).

Igualmente em relação à pretensa inconstitucionalidade material, Glauber Mesquita e Rafhael Frattari descrevem, como causas fundantes a estas, a reserva de jurisdição, a ampla defesa e a conjugação do direito de propriedade com a proporcionalidade (MESQUITA; FRATTARI, 2018).

Na mesma senda, Fernanda Ribeiro e Leonardo Machado sustentam a inconstitucionalidade material, reforçando o fundamento da proporcionalidade, que entendem violado pela indisponibilidade administrativa (RIBEIRO; MACHADO, 2018).

Inaugurando divergência, o Ministro Dias Toffoli votou pelo reconhecimento de constitucionalidade da norma impugnada, ao fundamento de se tratar de mero "ato de registro", o que não ofenderia, desta feita, a cláusula de reserva de jurisdição e os princípios do contraditório e da ampla defesa, no que foi acompanhado pelos Ministros Alexandre de Moraes (BRASIL, 2020e), Rosa Weber e Cármen Lúcia (BRASIL, 2020f).

Lado outro, o Ministro Luís Roberto Barroso divergiu das compreensões precedentes, expondo entendimento quanto à constitucionalidade do lançamento de averbação, mas não relativamente à automática indisponibilidade, a qual exigiria reserva de jurisdição. Igualmente, votaram os Ministros Gilmar Mendes, Ricardo Lewandowski e Luiz Fux (SUPREMO, 2020f).

Dessarte, por maioria, o STF, nos termos do voto médio do Ministro Luís Roberto Barroso, julgou parcialmente procedentes os pedidos lançados nas já citadas ADIs, de modo a considerar inconstitucional a expressão "tornando-os indisponíveis", descrita na parte final do inciso III do § 3º do art. 20-B da Lei 10.522/02 (BRASIL, 2002), com a redação que lhe foi emprestada pela Lei 13.606/18 (BRASIL, 2018), mantida a constitucionalidade do art. 20-E do primeiro diploma legal.

Malgrado tenha o STF reconhecido a inconstitucionalidade do lançamento administrativo de indisponibilidade de bens, o próprio tribunal - não em razão disso, mas também pelo fato de o julgamento ter sido por maioria - não fica vinculado[42] ao julgado, da mesma forma que a função legislativa, a qual pode, novamente, se debruçar sobre o assunto.

Neste trabalho, defende-se posicionamento divergente em relação ao vencedor, por maioria, no Supremo Tribunal Federal.

Em relação ao modelo descrito na LEF, Arnaldo Godoy afirma que se esgota pela própria seiva e, portanto, exige alternativa (GODOY, 2009).

Esta, no entanto, não pressupõe descaso em relação à ação de execução fiscal, mas sua oxigenação procedimental, o que, pelo menos na esfera federal, foi alcançado pela Lei 10.522/02 (BRASIL, 2002), com redação advinda da Lei 13.606/18 (BRASIL, 2018). Ainda que inicialmente, em prol exclusivamente da União,

---

42 Não se desconhece a Teoria da Relativização da Não Vinculação, a qual, no entanto, opera efeitos em relação ao necessário resultado de improcedência de uma Ação Declaratória de Constitucionalidade (ADC) que verse sobre o tema julgado nas ADIs referidas, em face do caráter dúplice/ambivalente das ações de controle concentrado de constitucionalidade.

entende-se pela inexistência de óbice jurídico para a incorporação da sistemática[43] pela LEF, de aplicação indistinta a todas as esferas de governo: União, Estados, Distrito Federal e Municípios.

Não há razão jurídica para que meios alternativos à ação de execução fiscal revelem, via de regra, índices percentuais substancialmente superiores a esta quanto à arrecadação tributária.

O procedimento judicial pensado de forma desburocratizada, dotando a Fazenda Pública de prerrogativas procedimentais para a rápida e eficiente consecução do seu objetivo, não pode ceder tamanho espaço a formas utilizadas incidentalmente ao fim arrecadatório, a exemplo do protesto.

Não se defende uma exclusividade da ação judicial, mas sim uma revisitação desta, a fim de que lhe seja conferida eficiência, sem desgarrar-se do devido processo legal, ainda que para tanto se tenha que mesclar o procedimento, em esferas administrativa e judicial.

Pois bem.

Sob a perspectiva formal, tida por inconstitucional por três ministros do STF, inobstante se revele tese vencida, merece breve comentário à margem dos descritos no julgado quanto à mera regulamentação de procedimento.

Entende-se descabida a inclusão interpretativa, na locução "crédito tributário", de todos os instrumentos legais destinados à sua cobrança.

---

[43] Atinente à averbação pré-executória, pois o ajuizamento seletivo é corolário do princípio da eficiência, constitucionalmente garantido, e, por tal razão, com alcance também ao Distrito Federal, Estados e Municípios, independentemente da edição de norma infraconstitucional nesse sentido.

Isto porque, quando a CR/88 intentou dispor sobre normas atinentes à cobrança, o fez de maneira clara e textual, o que se extrai dos arts. 146, IV, e 149-A, parágrafo único. Perceba-se que, no âmbito do próprio art. 146 da CR/88, utilizado pelo Ministro Marco Aurélio, relator, para a extensiva interpretação do termo "crédito tributário" há menção ao termo "cobrança", de modo destacado em relação àquele.

Leonardo de Andrade Alvim, ao classificar como garantia "qualquer instrumento processual ou material, previsto em lei, que vise ao recebimento do crédito tributário pelo Fisco...", entende que, mesmo se cogitando a subsunção da hipótese descrita ao art. 146, III, "b", da CR/88, a inserção da averbação pré-executória, via lei ordinária, não remontaria qualquer mácula constitucional (ALVIM, 2018, p. 170).

Isto porque, com arrimo nos arts. 183 e 184 do CTN, descreve que o referido código, que detém *status* de lei complementar, versa normas gerais sobre garantias do crédito tributário, deixando aberta, no entanto, a possibilidade de garantias outras não expressamente previstas no referido comando legal, a depender da especificidade de um tributo ou de um bem (ALVIM, 2018). A título exemplificativo de garantia afeta ao crédito tributário, presente em lei ordinária, portanto adicionalmente às prescritas em leis complementares, cita o art. 1º, parágrafo único, da Lei 9.492/97, que propicia à Fazenda Pública o protesto de título executivo extrajudicial (ALVIM, 2018).

Sob o enfoque material.

A Constituição da República Federativa do Brasil de 1988 prescreve no art. 5º, LIV, que "ninguém será privado da liberdade ou de seus bens sem o devido processo legal", no qual, por certo, está inserida a disposição da Lei 10.522/02 (BRASIL, 2002), com redação advinda da Lei 13.606/18 (BRASIL, 2018).

A reserva de jurisdição, assim, entendida como a prática de atos somente por juízes, não é vislumbrada na hipótese, o que, *v.g.*, ocorre em algumas situações descritas no direito brasileiro, a exemplo da Justiça Desportiva ou no juízo arbitral (ALVIM, 2018).

João Aurino de Melo Filho destaca que,

> Se a Administração possui a prerrogativa da autotutela, executiva (autoexecutoriedade), pode satisfazer diretamente sua pretensão jurídica, sem necessidade de autorização ou da intervenção do Judiciário (MELO FILHO, 2017, p. 42).

A execução fiscal administrativa, ou híbrida, conglobando essa esfera com a judicial, seria, portanto, arrimada não só no precitado art. 5º, LIV, da CR/88 (BRASIL, 1988), mas também na qualidade de autoexecutoriedade dos atos administrativos, oriunda do poder de autotutela, já sedimentado de forma tranquila no âmbito judicial, a exemplo do enunciado 473 da súmula do STF (BRASIL, 1969).

Ora, tendo o Supremo Tribunal Federal editado o respectivo enunciado, resta evidente que a autotutela não afronta qualquer aspecto do devido processo legal, quiçá quando arrimado em comando legislativo, a exemplo da Lei 13.606/18 (BRASIL, 2018), exarado pela função constitucionalmente competente para tanto.

Tanto assim o é que João Aurino Melo Filho elenca dispositivos normativos, e não poucos, que, a despeito de propiciarem atos administrativos executórios no ordenamento jurídico brasileiro, não foram atingidos por suscitação, quiçá declaração de inconstitucionalidade:

> [...] artigo 72, IV, V, VII e VIII, da Lei nº 9.605, de 12 de fevereiro de 1998; [...] artigo 58 do Código das Águas (Decreto nº 24.643, de 10 de julho de 1934); [...] artigo 7º do Decreto-lei nº 3.365, de 21 de junho de 1941; [...] artigo 45 da Lei nº 9.784, de 29 de janeiro de 1999; na Lei nº 6.024, de 13 de março de 1974 [...];[...] artigo 90 do Decreto-lei nº 73, de 21 de novembro de 1966; na intervenção administrativa prevista na Lei Complementar nº 109, de 29 de maio de 2001 [...]; e ainda, a pena administrativa de perdimento de bens, prevista no artigo 105 do Decreto-lei nº 37, de 18 de novembro de 1966, e no artigo 23, § 1º, do Decreto-lei 1.445 de 7 de abril de 1976 (MELO FILHO, 2017, p. 43).

Dentre estes há hipótese de perdimento de bens, ou de desapropriação, com a inerente modificação de propriedade, o que não ocorre no caso de mero lançamento de indisponibilidade. Se é verdade que quem pode o mais (perdimento ou desapropriação) pode o menos (indisponibilidade), inexiste, também sob essa perspectiva, incongruência com o sistema constitucional brasileiro.

A fundamentação é servível, também, ao afastamento da suscitação da pretensa mácula ao direito de propriedade, o que, pelo destaque dos preceitos legais dispostos, e até mesmo constitucionais - art. 5º, XXIV, da CR/88 -, não ostenta qualidade de direito absoluto.

Quanto ao descrito no art. 185-A, adere-se ao raciocínio de Leonardo Alvim, ao consignar que:

> [...] o fato de o CTN trazer procedimento e os requisitos necessários para que o juiz determine a

> indisponibilidade de bens não conduz ao raciocínio *contrario sensu* de que outras autoridades diferentes da judiciária não poderiam determinar medida de semelhante conteúdo (ALVIM, 2018, p. 175).

O referido autor contrapõe os institutos do art. 185-A do CTN à averbação pré-executória:

> A leitura analítica do art. 185-A, do CTN, expõe o seguinte roteiro: 1) o devedor é citado; 2) não paga a dívida; 3) não nomeia bens à penhora; 4) não são encontrados bens pelo oficial de justiça; 5) indisponibilidade de bens.
>
> Por sua vez, uma análise das fases previstas na chamada averbação pré-executória da PGFN pode ser descrita da seguinte forma: 1) o devedor é notificado; 2) não paga a dívida; 3) *não parcela a dívida*; 4) não oferece bens à administração; 5) *opta por não discutir a dívida no âmbito administrativo (PRDI)*; 6) indisponibilidade de bens; 7) *há contraditório e ampla defesa sobre a indisponibilidade ocorrida* (ALVIM, 2018, p. 180).

Do combate dos procedimentos, as fases destacadas no original, algumas das quais protetoras do contribuinte, não encontram eco na indisponibilidade judicial.

Na mesma senda, a utilização da averbação pré-executória denota a consecução de uma sequência de atos omissivos do sujeito passivo quanto ao intento de pagamento do tributo devido. Eduardo Gomes descreve que não se trata de mero ato discricionário, lançado pela existência de débitos pendentes de pagamento (GOMES, 2019).

Nesse sentido, lembrando a possibilidade de expropriação de bens de forma administrativa em âmbito de desapropriação, restando ao Judiciário apenas a discussão do valor devido, Flávio Bernardes e Henrique de Azevedo, inobstante avessos à possibilidade de execução fiscal administrativa, asseveram que o singelo argumento de ofensa do princípio do devido processo legal, em face da não participação do Judiciário, não é suficiente a afastar a aplicação do instituto. Entendem que execução fiscal administrativa somente pode ser levada a efeito se não obstaculizar que o contribuinte participe do procedimento, salvaguardando-lhe os princípios constitucionalmente descritos e inerentes ao Estado Democrático de Direito: isonomia, garantia da propriedade privada, contraditório e ampla defesa (BERNARDES; DE AZEVEDO, 2017).

E, na regulamentação da Lei 10.522/02 (BRASIL, 2002), por meio da Portaria PGFN 33/18 (PROCURADORIA, 2018a), a efetiva participação do sujeito passivo é, de fato, assegurada.

Não se olvide que em relação à execução fiscal, forte nos dados divulgados pelo IPEA (INSTITUTO, 2012), quase metade das ações não atinge êxito na citação ou esta é realizada de forma ficta, mediante publicação de edital, o que não pressupõe a efetiva cientificação do executado.

Assim, ao contrário do suscitado, entende-se que o procedimento híbrido, rechaçado pelo STF, por maioria, pressupõe a fortificação do devido do processo legal, que não é exclusivo da seara jurisdicional, além de atingir o desiderato de forma mais eficiente do que a sistemática puramente judicial descrita na LEF.

Entende-se não ser coincidência que o **Relatório CNJ em Números 2019** (CONSELHO, 2019), ano-base 2018 (ano de inserção da averbação pré-executória), já tenha apontado diminuição de 0,4% do acervo de ações de execução fiscal pendentes, bem como expressivo índice negativo de 7,7% nas distribuições de ações dessa natureza. Igualmente, o aumento percentual de 25,8% de baixa nas execuções fiscais certamente é atribuído não só ao julgamento do Recurso Especial 1.340.553/RS (BRASIL, 2018a), mas também fruto de legal comando (até então não reconhecido como parcialmente inconstitucional) para atuação estratégica na recuperação fiscal, somado à majoração de utilização dos meios extrajudiciais de arrecadação.

Apesar do exposto, é inescapável a verificação de que a ação de execução fiscal, até então no âmbito federal, foi legislativa, e por tal razão também executivamente oxigenada pela norma tida por inconstitucional em parte, dando-se-lhe respiro e esperança de que ressurja como importante instrumento servível, sob o prisma da eficiência, aos credores tributários para recuperação do que não lhes foi pago tempestivamente.

Ocorre que o alento à ação sob enfoque, experimentado por meio do seu incremento procedimental, conglobando da fase administrativa à judicial, deparou-se com arguição de inconstitucionalidade, e, prevalente o entendimento majoritário exposto pelo STF, retorna o executivo fiscal ao já esgotado procedimento previsto na LEF, ou ao amputado desencadeamento de atos descrito na Lei 10.522/02 (BRASIL, 2002), destinando a arrecadação tributária à sorte da vontade dos executados de pagar o tributo, sem efetivo e atual instrumento coercitivo a tanto.

Retorna-se ao risco de experimentar a perpetuação da ausência de "temor" à ação de execução fiscal, a qual se mostra, pelos dados já apresentados nesta obra, menos coercitiva – inobstante muito se propale ao contrário – do que um mero protesto de CDA em cartório.

O "temor" do mercado se mostra substancialmente superior à atuação do Executivo e do Judiciário, por meio do procedimento estabelecido na Lei 6.830/80 (BRASIL, 1980), ou mesmo pelo - mutilado - descrito na Lei 10.522/02 (BRASIL, 2002), ambos cunhados via função legislativa.

As funções estatais, de fato, gozam de pouquíssimo prestígio, como já descrito em outro momento, o que deságua resultados nefastos até mesmo na ação de execução fiscal.

Não se desconhece que a restrição mercadológica - a exemplo do protesto - pode ser atingida no curso da ação de execução fiscal. Cita-se, nessa perspectiva, o lançamento de indisponibilidade do art. 185-A do CTN. No entanto, são diversos os entraves, e de várias naturezas - procedimental, material, temporal, entre outros -, que inutilizam por completo o mesmo fundamento que, por via oblíqua à judicial - protesto administrativo -, tem demonstrado melhores resultados.

Na esfera judicial, até que se atinja uma restrição macro - a exemplo do lançamento de indisponibilidade, porque *ultima ratio* no procedimento executivo da LEF - que costumeiramente seja consultada pelo mercado, a exemplo dos cadastros de restrição de créditos - inobstante a consulta à ação de execução fiscal seja pública -, o caráter executivo da ação fiscal já não se demonstra vigoroso.

Não se estranha, desta feita, que cada vez mais se utilize menos da ação de execução fiscal, e que os credores tributários passem a tatear a possibilidade de utilização de meios diversos ao prescrito na Lei 6.830/80 (BRASIL, 1980). E que esse caminho também percorrerá a União, relativamente à Lei 10.522/02 (BRASIL, 2002), após a tolhida de faculdades procedimentais pelo STF.

Por consequência direta, o impacto dessa "inexecução fiscal" é revelado por meio de agravamento no cenário de crise - inclusive fiscal -, tornando paradoxo o fato de cada vez mais haver necessidade de consecução de políticas públicas - e para um número crescente de cidadãos -, no entanto, em viés diametralmente oposto, com a minoração arrecadatória do tributo não pago tempestivamente, principal fator de financiamento estatal.

No ano de 2017, apurado por meio do **Relatório PGFN em Números 2018**, foram arrecadados, via ação de execução fiscal, R$ 5,280 bilhões (PROCURADORIA, 2018b), ao passo que no exercício seguinte, em 2018, consoante dados do **Relatório PGFN em Números 2019**, o montante cresceu 11,13%, atingindo-se R$ 5,868 bilhões (PROCURADORIA, 2019).

A verificação apressada dos números pode indicar a falsa sensação de que nada de errado existe com o procedimento da ação de execução fiscal, a qual estaria demonstrando exuberante percentual de crescimento satisfativo.

No entanto, verifica-se, por meio do **Relatório PGFN em Números 2020** (dados do ano de 2019), um aumento percentual vertiginoso, de 21,14% em relação ao ano anterior, atingindo-se a cifra de R$ 7,109 bilhões, o que denota a conjunção de uma série de fatores para tanto, e não um milagroso recrudescimento qualitativo e quantitativo do executivo fiscal (PROCURADORIA, 2020a).

Certamente um dos fatores versa a respeito das contribuições legislativas advindas da Lei 13.606/18 (BRASIL, 2018), sendo certo que 2019 foi o primeiro - e último, ao menos quanto à integralidade dos seus dispositivos - ano inteiro (de janeiro a dezembro) de vigência dos institutos aperfeiçoadores da cobrança da dívida ativa, regulamentados pela Portaria PGFN 33/18 (PROCURADORIA, 2018a). Ademais, pode-se indicar ajuizamento seletivo e arquivamentos provisórios de execuções fiscais que não se mostrem viáveis (o que vem ocorrendo desde o ano de 2016), tendo, por corolário, a concentração de esforços em feitos mais bem avaliados pelo *rating* da PGFN.

O resultado espelha um crescimento percentual arrecadatório, via ação de execução fiscal, de quase o dobro do período antecedente (ano-base 2018), sendo óbvia a ingerência da atuação estratégica derivada da alteração legislativa e regulamentação respectiva, acima lançadas.

Ainda, o procedimento de averbação pré-executória, descrito na Lei 10.522/02 (BRASIL, 2002), não deve ser qualificado como sanção política, pois, além de não inovar no sistema jurídico pátrio, em verdade, apenas prevê, via processo legislativo, atuação voltada à eficiência - incluída a economicidade - em correlação com o procedimento já estabelecido com o fim específico de arrecadação tributária, qual seja, o prescrito na LEF. Não há inovação, mas somente aperfeiçoamento do procedimento da ação de execução fiscal, o que o desnatura como pretenso meio indireto à cobrança tributária, a exemplo do que ocorre com a apreensão de mercadorias, hipótese por excelência de sanção política.

4.1.6.2 Ajuizamento seletivo

Noutro giro, mas ainda atinente à atuação estratégica da PGFN, a possibilidade de ajuizamento seletivo, prescrita no art. 20-C da Lei 10.522/02 (BRASIL, 2002), inobstante também oriunda da Lei 13.606/18 (BRASIL, 2018), por razões óbvias, passou à margem da arguição de inconstitucionalidade.

Seu enfoque é propiciador, com arrimo numa análise estratégica do Direito, de mais racionalidade, eficiência e economicidade à ação de execução fiscal, sendo que o parágrafo único do referido dispositivo determina, textualmente, os três critérios como norte (BRASIL, 2002).

Subsidia uma mudança de postura do fisco federal, respaldado por uma base legislativa e executivamente regulamentada com foco na exigência de créditos que, por características próprias, ou de seus devedores, possam concretamente ser arrecadados aos cofres públicos (ARAUJO, 2019).

Assim, a análise quanto ao ajuizamento do feito executivo extravasa a mera seara de custo-benefício (economicidade), adentrando-se, com razão, na seara do princípio da eficiência, trabalhado em capítulo específico desta obra.

A seletividade no ajuizamento tem vez por intermédio da verificação prévia de indício de bens, direitos ou atividade econômica do devedor ou corresponsável, desde que se mostrem não só suficientes (análise quantitativa), mas também úteis (análise qualitativa) à integral ou parcial garantia do débito.

São descritos como inúteis os bens ou direitos de difícil alienação, sem liquidez ou de valor irrisório. De igual sorte, é inútil o indício de atividade econômica inexpressiva (PROCURADORIA, 2018a).

Perceba-se que não basta localizar bens do devedor, devendo estes ter qualidade positiva em um verdadeiro *rating* perpetrado pela Fazenda Nacional, a fim de evitar que a execução se mostre frustrada, em razão da ausência ou insuficiência qualitativa - e não só quantitativa - de bens. A classificação toma por base o grau de recuperabilidade do crédito, em razão de características próprias, mas também do respectivo sujeito passivo.

A norma, no entanto, não determina a prévia análise em relação a todo e qualquer débito, ressalvando dessa inspeção alguns eleitos[44], em razão do valor, da qualidade do crédito e/ou do devedor. Quanto a estes, o condicionamento para a cobrança via ação de execução fiscal não se aplica.

Registre-se que o procedimento investigatório de bens e direitos é permanente, e destinado, mas não somente, às bases de dados patrimoniais e econômico-fiscais do devedor ou corresponsável (PROCURADORIA, 2018a).

Neste ponto, a crítica lançada por Marcus Gouvea (GOUVEA, 2018), quanto ao aparato informativo - inclusive de ordem patrimonial - do qual goza a União para a consecução da cobrança do seu crédito em melhores condições do que Estados e Municípios, pode ser atenuada, mediante a celebração de convênio com a PGFN, forte no art. 35, parágrafo único, da Portaria PGFN 33/18 (PROCURADORIA, 2018a), o que "universaliza" a atuação estratégica na busca da racionalidade, eficiência e economicidade.

E, no entendimento sedimentado nesta obra, sem arrepio do devido processo legal.

4.1.6.3 Demais institutos correlacionados ao intuito da Lei 10.522/02

Ainda, a Portaria PGFN 33/18 (PROCURADORIA, 2018a), regulamentadora da respectiva lei, confere tratamento normativo para a alienação por iniciativa da PGFN, inclusive de forma geograficamente descentralizada, potencializando a chance de êxito quanto ao resultado do leilão.

---

44 *Vide* art. 33, § 2º, da Portaria PGFN 33/18 (PROCURADORIA, 2018a).

Os arts. 8º a 14 da Portaria PGFN 33/18 (PROCURADORIA, 2018a) garantem a oferta antecipada de garantia, resolvendo mora normativa quanto à hipótese, razão pela qual se utilizava comumente da ação cautelar de caução ou antecipação de garantia, com base no poder de cautela conferido ao magistrado. O atingimento dos respectivos artigos, ainda que parcialmente, pode fulminar a operacionalização do descrito neste parágrafo, de sorte a prejudicar o contribuinte ou responsável tributário, obrigando-o a ter que se valer de ação judicial para tanto.

Nessa senda, Juliana Costa Araujo destaca:

> O que se vê diante desse quadro é uma mudança de postura da PGFN no sentido não só de abrir o diálogo com o contribuinte em relação à possibilidade de oferecimento de garantia antecipada da dívida constituída sem prévia busca de tutela jurisdicional, mas também quanto ao incremento das espécies de bens que podem ser desde logo aceitos como garantidores do crédito a ser executado (ARAUJO, 2019, p. 17).

Malgrado a referida lei tenha por destinatária exclusiva a União e a análise desta obra não abarque, de maneira direta, Município da Federação diverso de Contagem/MG, sob o viés da racionalidade, economicidade e eficiência, descritos coincidentemente no parágrafo único do art. 20-C da Lei 10.522/02 (BRASIL, 2002), o Município de Manaus, por meio de sua Procuradoria-Geral, firmou convênio com o Tribunal de Justiça do Amazonas, a fim de programar-se fase conciliatória pré-processual, antecedente à distribuição da ação de execução fiscal, por meio de um projeto de aproximação das partes, no Centro

Judiciário de Solução de Conflitos e Cidadania - CEJUSC, específico para débitos ajuizados em dívida ativa, que propicia, ainda, a concessão de voz ao sujeito passivo (OLIVEIRA, 2017). A mesma sistemática foi implementada no âmbito do Município de Belo Horizonte/MG (FRANCO, 2019).

Não se descura que Heleno Torres defende a necessidade conciliatória em todos os processos tributários (TORRES, 2019).

4.2 COBRANÇA ADMINISTRATIVA NO DIREITO COMPARADO. CHILE, PERU E ARGENTINA

O modelo atualmente regulamentado pela LEF, lei geral atinente à ação de execução fiscal, centra a discussão exclusivamente no âmbito do Judiciário. Faz-se dessa essencial função estatal instância especializada na cobrança dos créditos públicos, dividindo-a entre o dever de neutralidade e eficiência (GODOY, 2009).

E a preocupação quanto a esse modelo é antiga, muito anterior à publicação da LEF. Arnaldo Godoy cita a inquietação de Rubens Gomes de Souza, mentor do Código Tributário Nacional, em carta endereçada ao seu companheiro de empreitada, Aliomar Baleeiro. Na referida, datada de 28 de agosto de 1946, objetivava-se a elaboração de uma justiça fiscal especializada no texto constitucional que à época se discutia, a qual não se referia aos tribunais administrativos, qualificados como evidentemente parciais (GODOY, 2009).

A verificação das experiências de outros países, com pesquisa de modelos estruturais que permeiam a recuperação fiscal, pode auxiliar a formatação do brasileiro, ou mesmo indicar se aqui se caminha em um rumo próspero. Desde já, no entanto, é evidente que a execução fiscal administrativa já é uma realidade fortemente implementada no direito comparado. E uma tendência aos países que ainda não a adotaram (GODOY, 2009).

Adverte-se que, por questões atinentes à delimitação geográfica e cultural, somadas à identidade econômica (integrantes do Mercosul), abordar-se-ão neste tópico destinado ao direito comparado somente países integrantes da América do Sul. Para evitar texto enfadonho, limitar-se-á a análise das experiências chilena, peruana e argentina, certamente suficientes a traçar-se um panorama no continente sul-americano. Uruguai e Paraguai, *v.g.*, utilizam-se da execução fiscal judicial, a exemplo do sistema brasileiro, razão pela qual não serão abordados, ao passo que Portugal, França e Estados Unidos (inobstante fora da América do Sul, e da limitação proposta) se utilizam do sistema administrativo de execução fiscal (MELO FILHO, 2017).

Acautela-se, ainda, que a análise dos sistemas a seguir não objetiva seus esgotamentos investigativos procedimentais, mas sim tracejar conceitos e formas de organização e atuação, em sede de panorama geral.

4.2.1 Modelo chileno

O molde executivo fiscal é híbrido, contando com duas fases bem distintas. De início, sob a batuta de agências fiscais, é objetivamente administrativo, podendo-se, ainda assim, atingir-se a cobrança forçada, por meio de penhora e consequente leilão ou conversão em renda (GODOY, 2009).

Posteriormente, noutra fase, utiliza-se do tribunal judicial, mediante a condução de execuções por advogados públicos (GODOY, 2009).

A matéria até então apresentada é regulamentada pelo Título V do Código Tributário chileno (CHILE, 1974), cumulado a excertos do Código de Processo Civil local, subsidiariamente utilizado, a exemplo do Brasil, no âmbito executivo fiscal (GODOY 2009).

Na fase administrativa, há lista que identifica os devedores, extraída pelo *Tesorero General de la República*, a quem incumbe, também, promover as ações e diligências de igual natureza que serão levadas a efeito pelo fisco. Nessa fase outorga-se às agências fiscais acesso a declarações e documentos do contribuinte, propiciando-se a consecução de diligências especiais, dentre as quais a restrição da liberdade acaso o tributo retido na fonte não seja repassado ao fisco, na sistemática de substituição tributária (GODOY, 2009).

Em contraponto à sistemática brasileira, os arts. 34 e 35 da Portaria PGFN 33/18 (PROCURADORIA, 2018a) admitem a investigação patrimonial do sujeito passivo à margem de atuação jurisdicional, no entanto sem sancioná-lo, administrativamente, com pena restritiva de liberdade.

Ao *Tesorero General de la República* é atribuída discricionariedade para não ajuizamento de ação de execução de pequeno valor, em razão da imprestabilidade da cobrança (GODOY, 2009). Na esfera federal brasileira há igual análise estratégica, inobstante não discricionária, mas objetivamente - por meio de *rating* de devedores - baseada na eficiência, economicidade e racionalidade, nos moldes do art. 20-C, *caput* e parágrafo único, da Lei 10.522/02 (BRASIL, 2002). Igualmente, Estados, Distrito Federal e Municípios realizam a mesma avaliação, cada qual na medida do aparato tecnológico e administrativo de que dispõem, o que é influenciado, relativamente ao acesso de dados, até mesmo pela esfera de governo, se federal, estadual ou municipal.

Fato interessante é que a autoridade fiscal local, o *Tesorero Comunal*, pode impor, por despacho, ordem de execução e penhora (GODOY, 2009), diversamente da esfera federal brasileira, em que havia, forte no art. 20-B, § 3º, da Lei 10.522/02 (BRASIL, 2002), antes do reconhecimento de inconstitucionalidade, averbação de indisponibilidade - denominada averbação pré-executória -, por meio da CDA, em órgãos de registro de bens e direitos sujeitos a arresto ou penhora, o que não se confunde com o citado ato constritivo.

Ademais, no Chile, o despacho que ordena a execução e consequente penhora é irrecorrível nesse estágio do procedimento (GODOY, 2009), o que não encontra paralelo na legislação brasileira. Pelo contrário, havia a possibilidade de insurgência administrativa em face da averbação pré-executória, o que é descrito nos arts. 25 a 32 da Portaria PGFN 33/18 (PROCURADORIA, 2018a). Os respectivos artigos foram atingidos, por arrastamento, em razão do reconhecimento de inconstitucionalidade da averbação pré-executória.

A exemplo da norma brasileira, art. 6º, §§ 2º e 3º, da Portaria PGFN 33/18 (PROCURADORIA, 2018a), as prerrogativas dos agentes fiscais locais contemplam a direta notificação dos devedores, prescindindo-se de atuação de oficial de justiça (GODOY, 2009).

Realizada a penhora, o agente fiscal elabora o auto respectivo, assinado pelo devedor, qualquer adulto encontrado no domicílio ou lavrando-se a recusa (GODOY, 2009).

Da determinação de pagamento pelo órgão local competente, o executado pode lançar oposição, equivalente à contestação administrativa junto àquele, sendo-lhe vedado, no entanto, a discussão meritória se houver arguição de ilegitimidade passiva

(GODOY, 2009). A hipótese diverge duplamente da experiência brasileira. A uma, porque a hipótese chilena traduz uma fase administrativa componente da execução fiscal, que a LEF (lei geral da execução fiscal) não admite. Ademais, a impugnação administrativa brasileira admitia, antes do julgamento de inconstitucionalidade, a incursão meritória, inobstante, salvo procedimento relativo à Lei 10.522/02 (BRASIL, 2002), não se trate de fase administrativa componente da estrutura da execução fiscal.

Somente o pagamento ou vício que obstaculize o regular andamento da execução são passíveis de reconhecimento pelo representante da Fazenda Pública. Qualquer outra matéria invocada fica a cargo de apreciação do advogado público, ou supletivamente, pelo Judiciário (GODOY, 2009).

O *Tesorero Comunal* tem cinco dias para se manifestar sobre as alegações do devedor, interpretando-se seu silêncio como discordância do suscitado e encaminhamento da execução ao advogado público, esgotando-se a competência da autoridade fiscal (GODOY, 2009).

O advogado público goza de competência recursal quanto a abusos perpetrados no procedimento de penhora, por autoridades administrativas em geral (GODOY, 2009).

Após saneado o feito, e não acolhidas as alegações do executado, o advogado público, em cinco dias, envia os autos para execução no Judiciário, em um *Tribunal Ordinário*, requerendo que este se manifeste sobre as alegações do devedor, manifestando o advogado público pelo que bem entender em relação à causa. A autoridade judicial incumbida do julgamento é o *Juiz de Letras*, equivalente à primeira instância brasileira. Em segunda instância, é a Corte de Apelação (GODOY, 2009).

Portanto, no Chile, a atuação jurisdicional depende da oferta de impugnação pelo contribuinte.

Sucumbente o devedor, exara-se ordem para que a Fazenda Pública possa realizar o leilão dos bens penhorados, que pode ser conduzido pela própria autoridade fiscal, o *Tesorero Comunal*, no entanto não lhe sendo paga comissão. O bem oriundo de leilão em execução fiscal não se submete a outras penhoras, gozando de privilégio nesse sentido (GODOY, 2009). À exceção da possibilidade de leilão por iniciativa própria, forte no art. 879, I, do CPC/15 (BRASIL, 2015) e nos arts. 41 a 45 da Portaria PGFN 33/18 (PROCURADORIA, 2018a), as demais regras diferem das brasileiras.

Por fim, a utilização de recurso judicial ao segundo grau de jurisdição pressupõe depósito de 25% do valor exigido (GODOY, 2009), em contraposição à ordenação do Brasil.

Em relação à sistemática inserta na LEF, é evidente que no Chile há um reforço de competência de autoridades fazendárias e, principalmente, um alargamento das competências e, por conseguinte, da importância do advogado público, o qual, inclusive, atua em sede recursal dos atos administrativos perpetrados anteriormente à chegada dos autos ao mesmo.

No entanto, o principal fator é que a ação de execução fiscal chega aparelhada ao Judiciário, de modo a afastar substancial parcela dos efeitos deletérios do seu exercício, notadamente em relação às etapas mortas[45] do processo.

---

[45] Expressão utilizada por Ronaldo Brêtas Dias em relação aos injustificados prolongamentos do processo, "que separam a realização de um ato processual do outro imediatamente seguinte, sem subordinação a um lapso temporal previamente fixado" (DIAS, 2004, p. 201).

Em extrema síntese, há prévia fase administrativa, no entanto com a realização de atos constritivos. O advogado público detém competência recursal quanto aos atos praticados em momento incipiente dessa fase. Somente após não acolhidas as alegações do executado, e não pago o crédito, os autos são enviados, já com garantia, pelo advogado público, ao Judiciário.

4.2.2 A experiência peruana

A execução fiscal administrativa, descrita no Código Tributário peruano, é de competência da Superintendência Nacional de Administração Tributária do Peru - SUNAT. A cobrança coativa é faculdade da Administração Tributária daquele país (GODOY, 2009).

A proposição e a condução se dão por funcionário da Administração Fiscal peruana, cidadão peruano, denominado *ejecutor coactivo*, ou, nas palavras de Arnaldo Godoy, *executor coativo*, que deve ser habilitado ao exercício da advocacia. É apoiado pelo *auxiliar coativo* (GODOY, 2009).

Ao executor coativo são dados certos poderes, a exemplo da verificação da exigibilidade, classificação da prestabilidade da cobrança (equivalente à inscrição em dívida ativa no Brasil, com fincas no art. 2º, §§ 3º a 5º, da LEF), e início da cobrança coativa, que é exclusivamente administrativa. Pode, ainda, implementar as medidas cautelares porventura necessárias. Arnaldo Godoy explicitamente destaca a existência de um cálculo de custo-benefício para praticar-se, ou não, o procedimento de cobrança, tendo por referência o custo do aludido processo, em cotejo com as razões de economia processual (GODOY, 2009).

Na esfera federal brasileira há igual disposição, arrimada na economicidade, nos moldes do art. 20-C, *caput* e parágrafo único, da Lei 10.522/02 (BRASIL, 2002).

Ainda, cabe ao *ejecutor* a consecução dos atos de comunicação, publicações, além de lhe ser facultado lançar pedidos de informações a entidades públicas e privadas (GODOY, 2009). A tomada de informações tem correlato normativo brasileiro, especificamente nos arts. 34 e 35 da Portaria PGFN 33/18 (PROCURADORIA, 2018a).

Pode, ainda, proceder à retenção de bens, fundos e valores, bem como saldos de contas correntes e depósitos. Ao executor incumbe, também, o arrombamento, no entanto após autorização judicial para tanto, com decisão em 24 horas e sem oitiva do executado. Como é responsável pelo bom andamento do feito e lhe são conferidas diversas competências de grande envergadura, por consequência, pode ser pessoalmente responsabilizado quanto ao mau exercício destas (GODOY, 2009).

A execução fiscal administrativa tem início com a notificação, pelo *ejecutor*, ao devedor, denominada *Resolución de Ejecución Coactiva*, equivalente à brasileira certidão de dívida ativa, com discriminação dos dados do valor devido (GODOY, 2009).

As medidas cautelares que podem ser lançadas pelo executor marcam o procedimento administrativo de cobrança com o traço da agilidade, pois, vencido o prazo de pagamento de sete dias, contados da notificação, abre-se margem àquele para a tomada de providências. Interessante destacar que o executor não está delimitado pelas diligências descritas na legislação de regência, mas pode adotar a que julgar mais adequada à persecução do crédito, desde tenham correlação com quaisquer bens do devedor, ainda que sob a posse de terceiros. Nessa hipótese, os terceiros somente podem informar o executado após a realização da medida. Ainda assim, deve-se notificar o devedor antes da adoção das medidas. O rol legal é de penhora de bens, com depósito ou não; apreensão de bens em transporte, ainda que em poder de terceiros e intervenção na administração da empresa devedora, mediante entendimento com seu representante. No entanto, a penhora pode deixar de ocorrer se o executado oferecer bens livres e desembaraçados, suficientes ao pagamento do crédito e respectivas custas (GODOY, 2009).

Sim, a legislação peruana determina o pagamento de custas, pelo destinatário da cobrança coativa, em razão do procedimento administrativo que lhe é imposto (GODOY, 2009).

O executor peruano é dotado de um equivalente ao poder geral de cautela na consecução de atos de recuperação de crédito, o que, no Brasil, é destinado exclusivamente aos magistrados, a exemplo dos arts. 297 e 499 do CPC/15. Também ao executor cabe realizar o leilão do bem penhorado. A atribuição de valor ao bem é de competência de perito da Administração Tributária, sem prejuízo de este deixar de fazê-lo se a administração e o devedor acordarem quanto àquele (GODOY, 2009).

Portanto, a condução da execução fiscal administrativa peruana incumbe exclusivamente ao executor, sem que nenhuma autoridade ou órgão administrativo, inclusive policial, possa suspendê-la. A exceção se resume à decisão exarada pelo Judiciário (GODOY, 2009).

Da notificação, tem o executado 20 dias úteis para pagamento. Se impugnar, tem a administração 90 dias úteis para decidir, cabendo ao executor o reconhecimento da eventual improcedência da cobrança. Da decisão do executor cabe apelação ao Tribunal Fiscal, incumbindo à Administração Tributária, juízo *a quo* para o recebimento do recurso, encaminhá-lo ao referido tribunal. Se não houver insurgência, a decisão administrativa transita em julgado (GODOY, 2009).

O Tribunal Fiscal tem prazo de 20 dias úteis para se manifestar mediante decisão que esgota a esfera administrativa, admitindo-se, então, o acesso ao Judiciário, que analisará, meramente, se o procedimento foi cumprido, sem reanálise meritória (GODOY, 2009).

Interessante destacar que o art. 27 do Código Tributário peruano, inciso "5"[46], elenca como causa de extinção da obrigação tributária a resolução da Administração Tributária que considere a cobrança duvidosa (esgotamento das ações postas para a arrecadação do crédito) ou de recuperação onerosa (crédito inferior ao que se gasta no procedimento de cobrança) (GODOY, 2009).

O intento vai ao encontro do ajuizamento seletivo, perpetrado pela União, com espeque no art. 20-C, *caput* e parágrafo único, da Lei 10.522/02 (BRASIL, 2002), mas que invariavelmente, com esteio no princípio da eficiência, vem norteando, no âmbito de suas possibilidades sistêmicas e informativas, as atuações do Estado de Minas Gerais e do Município de Contagem, nos moldes já descritos.

Há 15 anos, estudo sobre execuções fiscais no Brasil, publicado pelo Ministério da Justiça (MINISTÉRIO, 2007), já apontava para a sistemática peruana, com a sugestão desjudicializadora do procedimento de execução fiscal e dotação de

46 "Artículo 27º. EXTINCIÓN DE LA OBLIGACIÓN TRIBUTARIA

La obligación tributaria se extingue por los siguientes medios: ...

5) Resolución de la Administración Tributaria sobre deudas de cobranza dudosa o de recuperación onerosa. ... Las deudas de cobranza dudosa son aquéllas que constan en las respectivas Resoluciones u Órdenes de Pago y respecto de las cuales se han agotado todas las acciones contempladas en el Procedimiento de Cobranza Coactiva, siempre que sea posible ejercerlas" (PERÚ, 2013).

definitividade na esfera administrativa, retirando a atribuição meramente formal (consecução de atos de localização do devedor e de seus bens) do âmbito jurisdicional e, por corolário, as respectivas etapas mortas.

Portanto, a execução fiscal no Peru é puramente administrativa. Chama atenção o fato da qualificação, tanto do condutor, quanto do seu auxiliar, como coativos, e não coercitivos.

4.2.3 Sistemática argentina

Na Argentina, a Lei 11.683/78, regulamentada pelo Decreto 821/98, versa sobre a execução fiscal (GODOY, 2009).

Contempla-se modelo fracionado, em instâncias administrativa e judicial. Na seara administrativa, os atos são praticados por agentes fiscais, sob a baliza de um Tribunal Fiscal (de composição paritária, advogado ou contador), ligado ao Executivo (no entanto, este está subsumido ao Judiciário quanto à interpretação das normas, notadamente de cunho constitucional). Já o Judiciário pode, inclusive, ser acionado por meio de ações de conhecimento, ajuizadas em face de decisões administrativas decorrentes do executivo fiscal (GODOY, 2009).

A preponderância da fase administrativa é inegável, nos termos do art. 92[47] da *Ley de Procedimiento Tributario* (ARGENTINA, 1978), a qual determina processamento da execução pela *Administración Federal de Ingresos Públicos.*

---

[47] "Artículo 92 - El cobro judicial de los tributos, pagos e cuenta, anticipos, accesorios, actualizaciones y de las multas ejecutoriadas, se hará por vía de ejecución fiscal estabelecida em el Código Procesal Civil y comercial de la Nación com las modificaciones incluídas em la presente ley, sirviendo de suficiente titulo, a tal afecto, la boleta de deuda expedida por la ADMINISTRACIÓN FEDERAL DE INGRESOS PÚBLICOS."

O procedimento foi descrito por Jorge Flores e Yessica Lincon como um processo singular de cognição restrita, arrimado no princípio da legitimidade dos atos administrativos, com o objetivo de recuperar ao Estado, em curso espaço de tempo, o tributo não pago (FLORES; LINCON, 2019)[48].

No entanto, os referidos autores já determinavam, de maneira assertiva, a inconstitucionalidade da sistemática, por ofensa a "el principio republicano de división de poderes..." (FLORES; LINCON, 2019, p. 133).

O procedimento, assim, sofreu mitigação por meio de julgado da Corte Suprema de Justiça, exarado no dia 15 de junho de 2010, pelo qual limitou o procedimento administrativo, ao argumento de que violaria o art. 17[49] da Constituição argentina, que condiciona a perda de propriedade a uma "*sentencia fundada en ley*", somado ao fato de que o art. 109[50] veda o exercício de funções judiciais pelo Executivo (causa AFIP c/

---

48 No original, p. 126: "... proceso ejecutivo sumario basado en el principio de la legitimidad de los actos administrativos, que tiende a asegurar al Estado la recaudación de gravámenes en un término breve. Se trata – en general – de un proceso singular de ejecución, de cognición restrintida."

49 "Art. 17. La propiedad es inviolable, y ningún habitante de la Nación puede ser privado de ella, sino en virtud de sentencia fundada en ley. La expropiación por causa de utilidad pública, debe ser calificada por ley y previamente indemnizada. Sólo el Congreso impone las contribuciones que se expresan en el artículo 4º. Ningún servicio personal es exigible, sino env irtud de ley o de sentencia fundada en ley. Todo autor o inventor es propietario exclusivo de su obra, invento o descubrimiento, por el término que le acuerde la ley. La confiscación de bienes queda borrada para siempre del Código Penal argentino. Ningún cuerpo armado puede hacer requisiciones, ni exigir auxilios de ninguna especie".

50 "Art. 109. En ningún caso el presidente de la Nación puede ejercer funciones judiciales, arrogarse el conocimiento de causas pendientes o restablecerlas fenecidas."

Intercorp SRL. s/ *Ejecución fiscal*)[51]. Assim, após a declaração de inconstitucionalidade do art. 92 alhures referido, os atos constritivos passaram a ser de competência do Judiciário, o que, no entanto, não transmuda a natureza da execução fiscal em judicial. A notificação do processo de execução, *v.g.*, continua a ser administrativa (MELO FILHO, 2017).

A constrição somente por atuação jurisdicional, levada a efeito na Argentina, está em consonância com o procedimento estabelecido pela LEF, e não se distancia do propiciado pela Lei 10.522/02 (BRASIL, 2002), pois se está a discorrer sobre penhora propriamente dita, e não lançamento de indisponibilidade sobre bens sujeitos à penhora, sem olvidar que esta última possibilidade foi julgada inconstitucional pelo STF (BRASIL, 2020d).

Na execução fiscal argentina, os poderes de fiscalização da Administração Tributária são amplos, a exemplo da inquirição de testemunhas, contribuintes e terceiros que, a critério da autoridade fiscal, tenham conhecimento do fato gerador ou circunstâncias ligadas a este (GODOY, 2009).

Intimado, o devedor poderá alegar pagamento, prescrição, entre outras causas obstativas do procedimento. A execução é proposta por agente fiscal perante órgão da própria Administração Fiscal, sendo que o Juízo *ad quem* é o Tribunal Fiscal, também administrativo (GODOY, 2009).

A impugnação se dá perante a autoridade fiscal competente, endereçada ao próprio agente fiscal que figura no polo ativo

[51] Para mais detalhes, recomenda-se a leitura de notícia veiculada em https://derechotributario.org/el-fallo-afip-cintercorp-srl-sejecucion-fiscal-clarifico-esta-cuestion-y-sento-jurisprudencia-en-cuanto-que-a-raiz-de-este-precedente-la-afip-dicto-la-disposicion-2502010-de-fecha-572010-a-tr. Acesso em: 22 abr. 2022.

da execução. A autoridade fiscal pode indicar leiloeiro, e o leilão deve ser comunicado à autoridade julgadora, a qual, também administrativamente, notificará o executado (GODOY, 2009).

O procedimento passa pela proposição da execução administrativa, por agente fiscal, limitando-se a discussão a essa seara, até o Tribunal Fiscal. No entanto, é facultado ao executado o acesso ao Judiciário, com início do prazo para o manejo da ação contado do conhecimento da decisão administrativa (GODOY, 2009). Igualmente nessa seara, são determinados os atos de constrição patrimonial.

Interessante destacar que a transação tributária, recentemente regulamentada no Brasil, também o foi na Argentina, por meio da Lei 27.430/17 (ARGENTINA, 2017), a qual introduziu modificações na Lei 11.683/78, mais especificamente no seu art. 16.

Trata-se do instituto do *acuerdo conclusivo voluntario* (ACV), precedente à emissão da ordem de pagamento no prazo de 15 dias (art. 17 da Lei 11.683/78), pelo qual há possibilidade de transação desde que verificadas determinadas variantes alternativas, quais sejam: (i) necessidade de apreciação dos atos determinantes e de correta aplicação da norma ao caso concreto; (ii) indispensabilidade na realização de estimação, valoração ou medição de dados, elementos ou substanciais características atinentes à obrigação tributária, e que dificulte sua quantificação; (iii) situações que, por natureza, novidade, complexidade ou transcendência, requeiram uma resolução conciliatória (ARGENTINA, 2017).

A hipótese conciliatória é objeto de apreciação de um órgão de conciliação colegiado, composto por funcionários que militam no processo motivador da controvérsia, servidores do mais alto nível técnico da Administração Federal de Ingressos Públicos e autoridades de controle interno (ARGENTINA, 2017).

O referido órgão emite parecer circunstanciado recomendando ou rejeitando a solução conciliatória, sem prejuízo da determinação de garantia da dívida objeto da controvérsia (ARGENTINA, 2017).

Acaso recomendado, o acordo deve ser aprovado pelo Administrador Federal. Se rejeitado, pela Administração ou pelo contribuinte, restabelecer-se-á o procedimento previsto na Lei 11.683/78 (ARGENTINA, 2017).

Uma vez entabulada a avença, há formação de título executivo, passível de execução fiscal, e coisa julgada quanto aos atos que o fundamentaram, sem possibilidade de questionamento pela Administração, à exceção de os documentos serem comprovadamente falsos (ARGENTINA, 2017).

O acordo não vinculará a Administração, salvo quanto a questões de direito em idênticas condições (ARGENTINA, 2017).

O procedimento conciliatório, no entanto, está adstrito às hipóteses do art. 16 da lei sob enfoque, quanto à determinação, de ofício, pela Administração, da matéria tributável ou do valor devido, na hipótese de não serem ofertadas declarações pelos sujeitos passivos, ou de terem essas sido impugnadas (ARGENTINA, 2017).

Em razão do limitado espectro de incidência, há crítica doutrinária relativamente ao estreitamento desse importante instituto, o qual poderia ser mais largamente utilizado, de maneira a fomentar a resolução de controvérsias.

No entendimento de Andrés Chacra[52], a redução da hipótese à determinação de ofício constitui a perda de salutar ferramenta resolutiva de controvérsias, ainda em etapa administrativa, apta à redução da litigiosidade e a proporcionar agilidade na percepção de recursos públicos (CHACRA, 2018).

4.2.4 Conclusão parcial

Dos modelos chileno, peruano e argentino extraem-se pontos comuns à sistemática híbrida franqueada à União para execução de sua dívida ativa, nos moldes da Lei 10.522/02 (BRASIL, 2002), com alterações advindas da Lei 13.606/18 (BRASIL, 2018), regulamentada pela Portaria PGFN 33/18 (PROCURADORIA, 2018a). Em todos há, ao menos, fase administrativa, com dotação de servidor, advogado público ou não, encarregado pela condução do feito, e, salvo na Argentina, munido de poderes de constrição de bens e direitos sem audiência do Judiciário.

Ainda, é forte a existência de análise estratégica, relativamente ao princípio da eficiência, mas notadamente economicidade e racionalidade, para que a utilização da execução fiscal não seja empregada a esmo, mas sim planejada, de sorte a conferir-lhe eficiência na recuperação de crédito.

A modernização legislativa pela qual passa o Brasil caminha – e trilhava com a averbação pré-executória – no sentido de experiências exitosas no âmbito do direito comparado

52 No original: "... el acuerdo conclusivo voluntario podría constituir una adecuada herramienta para solucionar -en etapa administrativa- las controversias entre el Fisco y el contribuyente, su exclusiva incorporación para cuestiones discutidas por la vía del procedimiento de determinación de oficio luce como insuficiente. [...] El acuerdo conclusivo puede ser una solución satisfactoria y apta para disminuir de modo sensible la litigiosidad y agilizar la percepción de los recursos públicos."

abarcado por esta obra, o que denota retrocesso o julgamento de inconstitucionalidade dos dispositivos legais arrimadores dessa sistemática, com a extirpação das referidas normas citadas do ordenamento jurídico pátrio.

Cite-se a realidade do Chile. Em 2014, o percentual de recuperação de crédito via execução fiscal atingiu 33,8% em relação aos pequenos devedores, 7,2% em relação aos grandes devedores e 21,3% relativamente aos médios devedores (QUEIROZ E SILVA, 2016). Uma média de 20,7%, exponencialmente superior aos dados atinentes à exclusiva perspectiva de arrecadação, via ação de execução fiscal, da União, do Estado de Minas Gerais e do Município de Contagem.

CONCLUSÃO

O Judiciário experimenta longeva crise, não só propiciada, mas potencializada, pela judicialização da vida. O viés quantitativo desta tem especial razão de ser: a ação de execução fiscal, responsável, individualmente, por 36% de todo o acervo de processos pendentes de julgamento e com taxa de congestionamento de 87% (CONSELHO, 2021).

No entanto, o descrédito advindo da sua crise não é exclusividade dessa função estatal, mas inerente também às demais.

A partir do momento em que o cidadão é alijado do processo legislativo, o que impacta na legitimidade - que pressupõe coautor originário em relação aos parlamentares -, somado à relegação a um segundo plano não só no estabelecimento, mas também na consecução de políticas públicas - o que atinge frontalmente a legitimação -, tem-se por subvertida a ordem democrática e a caracterização de atos perpetrados nesse contexto enquanto legítimos, em sentido macro.

A reboque, a ação de execução fiscal sofre críticas inerentes a um procedimento legislativo vertical, propiciador da opressão, pelo Executivo, via função jurisdicional. Portanto, mostra-se instrumento deslegitimado.

No entanto, igualmente deslegitimador, pois o proveito de sua atuação frutífera - tributo recuperado - é utilizado sem as necessárias e efetivas participação e controle dos cidadãos. O índice de retorno de bem-estar à sociedade, em relação ao crédito pago voluntariamente, ou mesmo por execução forçada, é baixo.

Soma-se, como reflexo do congestionamento do executivo fiscal no Judiciário e da baixa arrecadação percentual dos valores cobrados, a completa impossibilidade de gestão da Administração Pública, impedindo planejamento administrativo e orçamentário relativamente aos valores em execução, notadamente em razão da periodicidade das leis orçamentárias. Trabalha-se, portanto, com prognósticos, desequilibrando-se a salutar provisão exigida entre receitas e despesas públicas. Deslegitima-se, assim, também por esse argumento, o exercício da função executiva.

Não é por outro motivo que cada vez mais se buscam instrumentos alheios ao executivo fiscal (procedimento da LEF) para o incremento arrecadatório, pois a referida ação, hodiernamente, mostra-se deslegitimadora.

No entanto, não se defende o abandono da ação de execução fiscal, mas sim a utilização coerente e democrática desta, por meio de revisão procedimental, com a implementação de fase administrativa na qual possa, efetivamente, o contribuinte fazer parte da discussão do crédito tributário e com a dotação, à Fazenda Pública, de instrumentos constritivos e/ou restritivos, a fim de que o atingimento do Judiciário seja racional, em fase procedimental mais avançada, extirpando-se deste a consecução de atos de ordem meramente administrativa/impulsionadora do feito.

Portanto, a proposta é não só de hibridismo quanto ao procedimento da ação de execução fiscal, conglobando da fase administrativa à judicial, a exemplo, parcial, da experiência chilena, nos moldes da Lei 10.522/02, com redação da Lei 13.606/18 – ainda que tenha o STF entendido pela inconstitucionalidade da averbação pré-executória –, mas também quanto às formas de recuperação de crédito, amealhando cobrança via executivo fiscal, e mesmo formas extrajudiciais, alternativas a esta.

A execução fiscal, por si só, não dá causa ao cenário exposto e não tem o condão de solucionar toda a situação posta, mas pode gerar importante instrumento de legitimação - inerente às atuações executiva e judicial - na aproximação do credor com o sujeito passivo, propiciando-lhe transparência fiscal, de forma a admitir que se participe da tomada de decisões estatais nessa seara, incutindo-se a cidadania tributária[53].

O atingimento do modelo sincrético, assim, já realidade no direito comparado, não pode ceder espaço ao retrocesso caracterizado pelo julgamento da ADI 5.881 no âmbito do STF. Demonstra, portanto, um caminhar em exitoso trilho já percorrido por outros países do mundo, em especial Chile, para fins delimitação à América do Sul.

A oxigenação do procedimento da ação de execução fiscal passa à margem de caracterização enquanto sanção política, notadamente em relação a uma perspectiva sistemática, pois já há normas textuais/legais que, administrativamente, arvoram-se sobre o patrimônio particular, sem reconhecimento judicial de inconstitucionalidade.

[53] Remete-se a Fonseca e Fonseca (2017, p. 36).

Não se defende que a perpetração, *v.g.*, de atos de garantia pré-processual seja implementada em razão do fato de outros diplomas legais igualmente acolherem a sistemática. O argumento é apenas de reforço.

Isto porque, a despeito do entendimento por maioria sufragado pelo STF, do confrontamento deste com o devido processo legal não se vislumbram arestas, até mesmo porque o panorama substancial do princípio em voga determina a proteção dos direitos fundamentais dos cidadãos, notadamente satisfeitos por meio de arrecadação tributária.

Do procedimento da averbação pré-executória, descrito na Lei 10.522/02 (BRASIL, 2002) e respectiva portaria, inferem-se as duas facetas catalisadoras desse verdadeiro postulado constitucional.

Quanto ao aspecto formal, propicia-se real coparticipação do sujeito passivo na seara administrativa, aproximando-se as partes previamente à distribuição da ação de execução fiscal. No curso da fase judicial, sua aparição, já administrativamente marcante, também será presente, garantindo-lhe mais atuação na construção do provimento jurisdicional.

Ainda, insustentável a interpretação de que a expressão "crédito tributário" abrangeria os instrumentos legais para sua cobrança.

No viés substancial, haverá mais chances de salvaguarda da determinação normativa relativamente ao pagamento tributário. Portanto, utilizado o valor de recuperação para fins de implementação de políticas públicas, resguardam-se, assim, os direitos fundamentais.

Não se olvide, ainda, que sempre haverá a possibilidade de acesso ao Judiciário, consoante o art. 5º, XXXV, da CR/88. A violação desse artigo não se dá pela implementação de um sistema administrativo da cobrança, hibrido ou não, mas sim pela realização deste ao arrepio do devido processo legal.

De igual forma, a "administrativização" da execução fiscal, ainda que não inteiramente, limitando-se somente à fase incipiente, vai ao encontro do princípio da eficiência, em toda a sua potencialidade, que extrapola a verificação da economicidade, em mera relação custo-benefício.

A execução fiscal administrativa, mesmo que híbrida, teria o condão de, se não extirpar essa anacrônica atuação exclusivamente jurisdicional, projetando crescimento da recuperação do crédito fiscal, também influir positivamente no exercício daquela atividade, com a eliminação de uma ação – ou substancial conjunto de atos formais desta – que a assola.

O outrora círculo vicioso despido de proveito democrático legítimo, seja no aspecto da legitimidade (processo e sanções legislativas desproporcionais e desarrazoadas) ou da legitimação (atuação do Executivo e Judiciário), cede espaço ao círculo virtuoso.

O Executivo colaboraria na racionalização da atuação jurisdicional, mediante o ajuizamento de ação relativa ao crédito já "garantido", propiciando que a atividade jurisdicional foque o que realmente é esperado desta e deixe de exaurir seus esforços na consecução de atos administrativos, conjuntamente com o próprio Executivo, em verdadeiro *bis in idem* no controle de juridicidade de cada ato da ação de execução fiscal.

O efeito dessa perspectiva reverbera proporcionalmente em resultados mais expressivos na recuperação de crédito – até em razão do ajuizamento seletivo –, dando-se margem à utilização do proveito pecuniário na consecução de políticas públicas, viés influenciador, mas não único, da legitimação.

O Legislativo terá, assim, cumprido um dos pilares da legitimação, qual seja, a consecução de atos normativos que imponham a proteção e o fomento do bem comum, substancialmente atingido por meio da consecução de políticas públicas e salvaguarda dos direitos fundamentais, que demandam arrecadação tributária, ou recuperação desta por meio de instrumento procedimentalmente apto a tanto.

Tem-se, pela sistemática defendida, extirpados dois fundamentais colaboradores para a atual situação de "inexecução fiscal": o procedimento da LEF e a lenta atuação jurisdicional, potencializada em razão da prática de atos administrativos de localização do devedor e/ou de seus bens.

Portanto, tanto o STF - notadamente em razão da decisão não unânime - quanto a função legislativa não estão vinculados ao resultado de inconstitucionalidade, exarado no julgamento da ADI 5.881, pelo que se defende a revisitação do tema, inicialmente de forma legislativa, a fim de propiciar o salutar hibridismo procedimental da ação de execução fiscal.

Não se pode deixar de observar que, desde o julgamento, o Ministro Marco Aurélio, relator da ADI 5.881, aposentou-se, cedendo lugar ao Ministro André Mendonça, o que poderia impactar. Inobstante a alteração do posicionamento de apenas um Ministro não seja suficiente à revisitação do julgado, pode indicar caminho diverso do outrora sedimentado, notadamente em substituição aos argumentos do ilustre ministro relator originário das ADIs.

Por fim, destaca-se que o esforço é conjunto – porque inerente a todos – ao exercício do Poder (pelo povo), por intermédio de todas as funções estatais que lhe servem, as quais são destinatárias do comando constitucional do princípio da eficiência.

REFERÊNCIAS

ALMEIDA, Patrícia Silva; VITA, Jonathan Barros. Recuperação dos créditos fazendários: métodos alternativos de solução às controvérsias tributárias. **Revista de Direito Brasileira**, São Paulo, v. 19, n. 8, p. 107-121, jan./abr. 2018.

ALVIM, Leonardo de Andrade Rezende. Averbação pré-executória pela PGFN. *In*: HENRIQUES, Guilherme de Almeida; GODOI, Marciano Seabra de; BONITO, Rafhael Frattari; LOBATO, Valter de Souza (coord.). **Os impactos do novo CPC sobre o processo judicial tributário**. Belo Horizonte: D'Plácido, 2018. v. 3.

ANUÁRIO DA JUSTIÇA BRASIL 2019. **Guardiões sob ataque**. São Paulo: Conjur, 2019.

AQUINO, Luseni; CUNHA, Alexandre; MEDEIROS, Bernardo. A República como referência para pensar a democracia e o desenvolvimento no Brasil. *In*: CARDOSO JR., José Celso; BERCOVICI, Gilberto (org.). **IPEA – República, democracia e desenvolvimento**: contribuições ao Estado brasileiro contemporâneo. Brasília: Ipea, 2013. v. 10. p. 17-40.

ARAUJO, Juliana Furtado Costa. A efetividade da cobrança do crédito tributário federal como fundamento legitimador da Portaria PGFN 33/18. *In*: ARAUJO, Juliana Furtado Costa; CONRADO, Paulo Cesar (coord.). **Inovações na cobrança do crédito tributário**. São Paulo: Revista dos Tribunais, 2019.

ARGENTINA. **Constitución de la Nación Argentina**. Disponível em: http://servicios.infoleg.gob.ar/infolegInternet/anexos/0-4999/804/norma.htm. Acesso em: 15 abr. 2022.

ARGENTINA. **Decreto 821, de 13 de julio de 1998**. Apruébase el texto ordenado de La Ley nº 11.683, texto ordenado em 1978 y sus modificaciones. Disponível em: http://servicios.infoleg.gob.ar/infolegInternet/anexos/15000-19999/18771/norma.htm. Acesso em: 15 abr. 2022.

ARGENTINA. **Ley 27.430, de 27 de deciembre de 2017**. Modificación de impuestos. Modificación de Le ley de impuesto a las ganancias, texto ordenado em 1997 y sus modificaciones; modificación de las leyes 22426, [...]. Disponível em: http://servicios.infoleg.gob.ar/infolegInternet/verNorma.do?id=305262. Acesso em: 25 abr. 2022.

ARGUELHES, Diego Werneck; RIBEIRO, Leandro Molhano. Ministrocracia: o Supremo Tribunal individual e o processo democrático brasileiro. *In*: LEAL, Fernando (coord.). **Constitucionalismo de realidade**: democracia, direitos e instituições. Belo Horizonte: Fórum, 2019. p. 35-63.

BALBÉ, Paulo Valdemar da Silva; BOFF, Salete Oro. Democracia e legitimidade na atuação burocrática. **Revista da AGU**, Brasília, v. 17, n. 3, p. 261-294, jul./set. 2018.

BARACHO, José Alfredo de Oliveira. Aspectos da teoria do processo constitucional: teoria da separação de Poderes e funções do Estado. **Revista de Informação Legislativa**, Brasília, v. 19, n. 76, p. 97-124, out./dez. 1982. Disponível em: www2.senado.leg.br/bdsf/handle/id/181410. Acesso em: 23 abr. 2022.

BARCAROLLO, Felipe. O dever fundamental de pagar impostos como condição de possibilidade para a implementação de políticas públicas. **Revista de Finanças Públicas, Tributação e Desenvolvimento**, Rio de Janeiro, v. 1, n. 1, jan./dez. 2013. Disponível em: https://www.e-publicacoes.uerj.br/index.php/rfptd/article/view/4764. Acesso em: 11 abr. 2022.

BARRÍA, Cecília. Coronavírus: os 10 países que mais gastaram para enfrentar a pandemia de covid-19. **BBC News Mundo**, 19 maio 2020. Disponível em: https://www.bbc.com/portuguese/internacional-52721417. Acesso em: 25 abr. 2022.

BARROSO, Luís Roberto. A razão sem voto: o Supremo Tribunal Federal e o governo da maioria. **Revista Brasileira de Políticas Públicas**, Brasília, v. 5, n. 2, p. 23-50, 2015. Disponível em: https://www.publicacoesacademicas.uniceub.br/RBPP/article/view/3180. Acesso em: 11 abr. 2022.

BARROSO, Luís Roberto. Constituição, democracia e supremacia judicial: direito e política no Brasil contemporâneo. **Revista Jurídica da Presidência**, Brasília, v. 12, n. 96, p. 5 a 43, fev./maio 2010. Disponível em: https://revistajuridica.presidencia.gov.br/index.php/saj/article/view/230/219. Acesso em: 15 abr. 2022.

BARROSO, Luís Roberto. Judicialização, ativismo judicial e legitimidade democrática. **(Syn)Thesis**, Rio de Janeiro, v. 5, n. 1, p. 23-32, jun. 2012. Disponível em: e-publicacoes.uerj.br/índex.php/synthesis/article/view/7433/5388. Acesso em: 25 abr. 2022.

BATISTA JÚNIOR, Onofre Alves. **Princípio constitucional da eficiência administrativa**. 2. ed. Belo Horizonte: Fórum, 2012.

BATISTA JÚNIOR, Onofre Alves. **Transações administrativas**: um contributo ao estudo do contrato administrativo como mecanismo de prevenção e terminação de litígios e como alternativa à atuação administrativa autoritária, no contexto de uma administração pública mais democrática. São Paulo: Quartier Latin, 2007.

BERNARDES, Bruno Paiva. **Conjecturas sobre a aplicação do minimalismo judicial ao ordenamento jurídico brasileiro e sua democraticidade jurídica**. Dissertação (Mestrado em Direito) – Programa de Pós-Graduação em Direito, Universidade Fumec, Belo Horizonte, 2019. Disponível em: http://www.fumec.br/revistas/pdmd/article/view/7023. Acesso em: 16 abr. 2022.

BERNARDES, Flávio Couto; DE AZEVEDO, Henrique Machado Rodrigues. A execução fiscal administrativa: um olhar sobre a perspectiva da ampla defesa como integrante do feixe de garantias constitucionais que compõem o devido processo legal. **Revista de Direito Tributário e Financeiro**, Maranhão, v. 3, n. 2, p. 45-67, jul./dez. 2017.

BERNARDES, Flávio Couto; DURÇO, Karol Araújo. Os mecanismos de execução do crédito tributário em alguns países da América Latina: entre eficiência administrativa e segurança jurídica. **Revista de Direito Tributário e Financeiro**, Brasília, v. 2, n. 1, p. 285-306, jan./jun. 2016.

BRASIL. Câmara dos Deputados. **Projeto de Lei 1.646/19**. Estabelece medidas para o combate ao devedor contumaz e de fortalecimento da cobrança da dívida ativa e altera a Lei nº 6.830, de 22 de setembro de 1980, a Lei nº 8.397, de 6 de janeiro de 1992, e a Lei nº 9.430, de 27 de dezembro de 1996. 2019. Disponível em: https://www.camara.leg.br/proposicoesWeb/prop_mostrarintegra;jsessionid=C37FF3590379572851B758344EAF4796.proposicoesWebExterno2?codteor=1721790&filename=PL+1646/2019. Acesso em: 14 abr. 2022.

BRASIL. Câmara dos Deputados. **Projeto de Lei 2.412/07**. Dispõe sobre a execução administrativa da Dívida Ativa da União, dos Estados, do Distrito Federal, dos Municípios, de suas respectivas autarquias e fundações públicas, e dá outras providências. Disponível em: https://www.camara.leg.br/proposicoesWeb/prop_mostrarintegra?codteor=522170&filename=PL+2412/2007. Acesso em: 20 abr. 2022.

BRASIL. Câmara dos Deputados. **Projeto de Lei 5.080/09**. Dispõe sobre a cobrança da dívida ativa da Fazenda Pública e dá outras providências. Disponível em: https://www.camara.leg.br/proposicoesWeb/prop_mostrarintegra?codteor=648721&filename=PL+5080/2009. Acesso em: 20 abr. 2022.

BRASIL. **Constituição (1988)**. Constituição da República Federativa do Brasil. Brasília, DF, Senado, 1988. Disponível em: http://www.planalto.gov.br/ccivil_03/constituicao/constituicao.htm. Acesso em: 22 abr. 2022.

BRASIL. Constituição da República Federativa do Brasil de 1988. **Emenda Constitucional n. 19, de 4 de junho de 1998**. Modifica o regime e dispõe sobre princípios e normas da Administração Pública, servidores e agentes políticos, controle de despesas e finanças públicas e custeio de atividades a cargo do Distrito Federal, e dá outras providências. Disponível em: http://www.planalto.gov.br/ccivil_03/constituicao/Emendas/Emc/emc19.htm#art3. Acesso em: 13 abr. 2022.

BRASIL. Constituição da República Federativa do Brasil de 1988. **Emenda Constitucional n. 45, de 30 de dezembro de 2004**. Altera dispositivos dos arts. 5º, 36, 52, 92, 93, 95, 98, 99, 102, 103, 104, 105, 107, 109, 111, 112, 114, 115, 125, 126, 127, 128, 129, 134 e 168 da Constituição Federal, e acrescenta os arts. 103-A, 103-B, 111-A e 130-A, e dá outras providências. Disponível em: https://www2.camara.leg.br/legin/fed/emecon/2004/emendaconstitucional-45-8-dezembro-2004-535274-exposicaodemotivos-149264-pl.html. Acesso em: 4 abr. 2022.

BRASIL. **Decreto-lei 960, de 17 de dezembro de 1938**. Dispõe sobre a cobrança judicial da dívida ativa da Fazenda Pública, em todo o território nacional. Disponível em: http://www.planalto.gov.br/ccivil_03/decreto-lei/1937-1946/Del0960.htm. Acesso em: 18 abr. 2022.

BRASIL. **Lei 10.522, de 19 de julho de 2002**. Dispõe sobre o Cadastro Informativo dos créditos não quitados de órgãos e entidades federais e dá outras providências. Disponível em: http://www.planalto.gov.br/ccivil_03/leis/2002/l10522.htm. Acesso em: 18 abr. 2022.

BRASIL. **Lei 12.767, de 27 de dezembro de 2012**. Dispõe sobre a extinção das concessões de serviço público de energia elétrica e a prestação temporária do serviço e sobre a intervenção para adequação do serviço público de energia elétrica; altera as Leis ns. 8.987, de 13 de fevereiro de 1995, [...]. Disponível em: http://www.planalto.gov.br/ccivil_03/_Ato2011-2014/2012/Lei/L12767.htm#art25. Acesso em: 13 abr. 2022.

BRASIL. **Lei 13.606, de 9 de janeiro de 2018**. Institui o Programa de Regularização Tributária Rural (PRR) na Secretaria da Receita Federal do Brasil e na Procuradoria-Geral da Fazenda Nacional; altera as Leis ns. 8.212, de 24 de julho de 1991 [...]. 2018. Disponível em: http://www.planalto.gov.br/ccivil_03/_Ato2015-2018/2018/Lei/l13606.htm. Acesso em: 18 abr. 2022.

BRASIL. **Lei 13.988, de 14 de abril de 2020**. Dispõe sobre a transação nas hipóteses que especifica; e altera as Leis ns. 13.464, de 10 de julho de 2017, e 10.522, de 19 de julho de 2002. 2020. Disponível em: http://www.planalto.gov.br/ccivil_03/_Ato2019-2022/2020/Lei/L13988.htm. Acesso em: 19 abr. 2022. [...].

BRASIL. **Lei 5.172, de 25 de outubro de 1966**. Dispõe sobre o Sistema Tributário Nacional e institui normas gerais de direito tributário aplicáveis à União, Estados e Municípios. Disponível em: http://www.planalto.gov.br/ccivil_03/leis/l5172.htm. Acesso em: 13 abr. 2022.

BRASIL. **Lei 5.869, de 11 de janeiro de 1973**. Institui o Código de Processo Civil. Disponível em: http://www.planalto.gov.br/ccivil_03/LEIS/L5869impressao.htm. Acesso em: 13 abr. 2022.

BRASIL. **Lei 6.830, de 22 de setembro de 1980**. Dispõe sobre a cobrança judicial da Dívida Ativa da Fazenda Pública, e dá outras providências. Disponível em: http://www.planalto.gov.br/ccivil_03/leis/l6830.htm. Acesso em: 13 abr. 2022.

BRASIL. **Lei 9.492, de 10 de setembro de 1997**. Define competência, regulamenta os serviços concernentes ao protesto de títulos e outros documentos de dívida e dá outras providências. Disponível em: http://www.planalto.gov.br/ccivil_03/leis/L9492.htm. Acesso em: 13 abr. 2022.

BRASIL. **Lei Complementar 118, de 9 de fevereiro de 2005**. Altera e acrescenta dispositivos à Lei nº 5.172, de 25 de outubro de 1966 – Código Tributário Nacional, e dispõe sobre a interpretação do inciso I do art. 168 da mesma Lei. Disponível em: http://www.planalto.gov.br/ccivil_03/leis/lcp/lcp118.htm. Acesso em: 19 abr. 2022.

BRASIL. **Medida Provisória 937, de 2 de abril de 2020**. Abre crédito extraordinário, em favor do Ministério da Cidadania, no valor de R$ 98.200.000.000,00, para os fins que especifica. 2020a.Disponível em: http://www.planalto.gov.br/ccivil_03/_ato2019-2022/2020/Mpv/mpv937.htm. Acesso em: 18 abr. 2022.

BRASIL. Senado Federal. **Código de Processo Civil e normas correlatas.** 7. ed. Brasília: Senado Federal, Coordenação de Edições Técnicas, 2015. Disponível em: https://www2.senado.leg.br/bdsf/bitstream/handle/id/512422/001041135.pdf. Acesso em: 13 abr. 2022.

BRASIL. Senado Federal. **Projeto de Lei 4.257/19**. Modifica a Lei nº 6.830, de 22 de setembro de 1980, para instituir a execução fiscal administrativa e a arbitragem tributária, nas hipóteses que especifica. 2019a. Disponível em: https://legis.senado.leg.br/sdleg-getter/documento?dm=7984784&ts=1594035701857&disposition=inline. Acesso em: 18 abr. 2022.

BRASIL. Senado Federal. **Projeto de Lei 4.468/20**. Institui a arbitragem especial tributária e dá outras providências. 2020b. Disponível em: https://legis.senado.leg.br/sdleg-getter/documento?dm=8886181&ts=1599239232148&disposition=inline. Acesso em: 18 abr. 2022.

BRASIL. Superior Tribunal de Justiça. **Recurso em Mandado de Segurança 5.590/DF**. Relator: Ministro Luiz Vicente Cernicchiaro. Sexta Turma. Julgado em 16/04/1996. Publicado em 10/06/1996. Disponível em: https://ww2.stj.jus.br/processo/pesquisa/?tipoPesquisa=tipoPesquisaNumeroRegistro&termo=199500167760&totalRegistrosPorPagina=40&aplicacao=processos.ea. Acesso em: 13 abr. 2022.

BRASIL. Superior Tribunal de Justiça. **Recurso Especial 1.272.827/PE**. Relator: Ministro Mauro Campbell Marques. Primeira Seção. Julgado em 22/05/2013. Publicado em: 31/05/2013. Disponível em: https://scon.stj.jus.br/SCON/jurisprudencia/toc.jsp?livre=1272827&repetitivos=JULGADO+E+CONFORME+E+%22RECURSOS+REPETITIVOS%22&b=ACOR&thesaurus=JURIDICO&p=true. Acesso em: 21 abr. 2022.

BRASIL. Superior Tribunal de Justiça. **Recurso Especial 1.340.553/RS**. Relator: Ministro Mauro Campbell Marques. Primeira Seção. Julgado em 12/09/2018. 2018a. Publicado em 16/10/2018. Disponível em: https://ww2.stj.jus.br/processo/pesquisa/?tipoPesquisa=tipoPesquisaNumeroRegistro&termo=201201691933&totalRegistrosPorPagina=40&aplicacao=processos.ea. Acesso em: 10 abr. 2022.

BRASIL. Superior Tribunal de Justiça. **Recurso Especial 1.686.659/SP**. Relator: Ministro Herman Benjamin. Primeira Seção. Julgado em 06/03/2018. Publicado em 23/03/2018. 2018b. Disponível em: https://scon.stj.jus.br/SCON/jurisprudencia/toc.jsp?livre=1.686.659%2FSP&b=ACOR&thesaurus=JURIDICO&p=true. Acesso em: 21 abr. 2022.

BRASIL. SUPERIOR TRIBUNAL DE JUSTIÇA. **Súmulas**. 2022. Disponível em: https://scon.stj.jus.br/SCON/sumulas/enunciados.jsp. Acesso em: 18 jul. 2022.

BRASIL. SUPERIOR TRIBUNAL DE JUSTIÇA. **Suspensão Nacional**. 2022a. Disponível em: http://www.stj.jus.br/sites/portalp/Processos/Repetitivos-e-IACs/Saiba-mais/Suspensao-Nacional. Acesso em: 18 jul. 2022.

BRASIL. Supremo Tribunal Federal. **Ação Direta de Inconstitucionalidade 1.055/PI**. Relator: Ministro Gilmar Mendes. Tribunal Pleno. Julgado em 15/12/2016. Publicado em 01/08/2017.2016. Disponível em: https://jurisprudencia.stf.jus.br/pages/search/sjur370637/false. Acesso em: 24 abr. 2022.

BRASIL. Supremo Tribunal Federal. **Ação Direta de Inconstitucionalidade 5.135/DF**. Relator: Ministro Luís Roberto Barroso. Tribunal Pleno. Julgado em 09/11/2016. Publicado em 07/02/2018, 2016a. Disponível em: https://jurisprudencia.stf.jus.br/pages/search/sjur380061/false. Acesso em: 21 abr. 2022.

BRASIL. Supremo Tribunal Federal. **Ação Direta de Inconstitucionalidade 5.881**. Relator: Ministro Marco Aurélio. Tribunal Pleno. Voto do Relator proferido em 05/06/2020. Julgamento não finalizado. 2020c. Disponível em: https://www.conjur.com.br/dl/marco-aurelio-stf-averbacao-tributaria.pdf. Acesso em: 17 abr. 2022.

BRASIL. Supremo Tribunal Federal. **Ação Direta de Inconstitucionalidade por Omissão 26/DF**. Plenário. Relator: Ministro Celso de Mello. Julgado em 13/06/2019. Publicado em 28/06/2019b. Disponível em: http://portal.stf.jus.br/processos/detalhe.asp?incidente=4515053. Acesso em: 12 abr. 2022.

BRASIL. Supremo Tribunal Federal. **Enunciado de Súmula 473**. A administração pode anular seus próprios atos, quando eivados de vícios que os tornam ilegais, porque deles não se originam direitos; ou revogá-los, por motivo de conveniência ou oportunidade, respeitados os direitos adquiridos, e ressalvada, em todos os casos, a apreciação judicial. Publicado em 10/12/1969. Disponível em: http://www.stf.jus.br/portal/jurisprudencia/menuSumarioSumulas.asp?sumula=1602. Acesso em: 14 abr. 2022.

BRASIL. SUPREMO TRIBUNAL FEDERAL. **Pleno – Indisponibilidade de bens de devedor contribuinte – com audiodescrição**. 2020d. Disponível em: https://www.youtube.com/watch?v=ukIBVi-vkgo. Acesso em: 21 abr. 2022.

BRASIL. SUPREMO TRIBUNAL FEDERAL. **Pleno – Indisponibilidade de bens de devedor contribuinte (1/2) – com audiodescrição**. 2020e. Disponível em: https://www.youtube.com/watch?v=yyyiOt_ST3M. Acesso em: 21 abr. 2022.

BRASIL. SUPREMO TRIBUNAL FEDERAL. **Pleno - Indisponibilidade de bens de devedor contribuinte (2/2) - com audiodescrição**. 2020f. Disponível em: https://www.youtube.com/watch?v=QHYFlKR_qbw. Acesso em: 20 abr. 2022.

BRASIL. Supremo Tribunal Federal. **Recurso Extraordinário 565.048/RS**, Relator: Ministro Marco Aurélio. Tribunal Pleno. Julgado em 29/05/2014. Publicado em 09/10/2014. Disponível em: https://jurisprudencia.stf.jus.br/pages/search/sjur279732/false. Acesso em: 21 abr. 2022.

BRASIL. Supremo Tribunal Federal. **Recurso Extraordinário 881.864/DF**. Relator: Ministro Marco Aurélio. Primeira Turma. Julgado em 18/04/2017. Publicado em 10/10/2017. Disponível em: http://portal.stf.jus.br/processos/detalhe.asp?incidente=4752875. Acesso em: 11 abr. 2022.

BRASIL. SUPREMO TRIBUNAL FEDERAL. **Súmulas Vinculantes**. 2022c. Disponível em: http://www.stf.jus.br/portal/cms/verTexto.asp?servico=jurisprudenciaSumulaVinculante. Acesso em: 18 jul. 2022.

BRASIL. SUPREMO TRIBUNAL FEDERAL. **Súmulas**. 2022b. Disponível em: http://www.stf.jus.br/portal/cms/verTexto.asp?servico=jurisprudenciaSumula. Acesso em: 18 jul. 2022.

BRASIL. SUPREMO TRIBUNAL FEDERAL. **Teses de Repercussão Geral**. 2022d. Disponível em: http://www.stf.jus.br/portal/jurisprudenciaRepercussao/abrirTemasComTesesFirmadas.asp. Acesso em: 18 jul. 2022.

BREYNER, Frederico Menezes. O protesto extrajudicial da CDA: análise crítica dos motivos para sua adoção e o devido processo legal. *In*: **XXIV Congresso Nacional do Conpedi**. Florianópolis: CONPEDI, 2015. Disponível em: http://conpedi.danilolr.info/publicacoes/66fsl345/i6ho76h6/S0n06EsU86R4CU8o.pdf. Acesso em: 23 abr. 2022.

BUFFON, Marciano. A tributação como instrumento de concretização dos direitos fundamentais. **Revista da Faculdade de Direito de Uberlândia**, Uberlândia, v. 38, n. 2, p. 555-579, 2010.

CAIS, Cleide Previtalli. **O processo tributário**. 8. ed. São Paulo: Revista dos Tribunais, 2013.

CALMON, Sacha. Contribuintes sofrem com privilégios da Fazenda Pública. **Conjur**, 11 nov. 2019. Disponível em: https://www.conjur.com.br/2019-nov-11/sacha-calmon-contribuintes-sofrem-privilegios-fazenda. Acesso em: 24 abr. 2022.

CASTELLANI, Fernando F. **Novas formas de cobrança do crédito tributário**: *call center*, Serasa e protesto. Ibet, 2018. Disponível em: https://

www.ibet.com.br/wp-content/uploads/2018/03/Fernando-F.-Castellani.pdf. Acesso em: 24 abr. 2022.

CHACRA, Andrés. Nuevos mecanismos de resolución de controversias en la ley nº 11.683. **Pensamiento Civil**, 12 jul. 2018. Disponível em: https://www.pensamientocivil.com.ar/doctrina/3682-nuevos-mecanismos-resolucion-controversias-ley-ndeg-11683. Acesso em: 5 abr. 2022.

CHILE. **Decreto Ley 830, de 31 de deciembre de 1974**. Sobre Código Tributario. Disponível em: https://www.leychile.cl/Navegar?idNorma=6374. Acesso em: 18 abr. 2022.

COMISSIÓN de Derecho Financeiro, Tributario y Aduanero. 13 feb. 2014. Disponível em: https://derechotributario.org/el-fallo-afip-cintercorp-srl-sejecucion-fiscal-clarifico-esta-cuestion-y-sento-jurisprudencia-en-cuanto-que-a-raiz-de-este-precedente-la-afip-dicto-la-disposicion-2502010-de-fecha-572010-a-tr. Acesso em: 24 abr. 2022.

CONSELHO de Desenvolvimento Econômico e Social. **Indicadores de Iniquidade do Sistema Tributário Nacional**: Relatório de Observação n. 2. 2. ed. Brasília: Presidência da República, 2011. Disponível em: http://www.biblioteca.presidencia.gov.br/presidencia/dilma-vana-rousseff/publicacoes/conselhos/conselho-de-desenvolvimento-economico-e-social/relatorios. Acesso em: 20 abr. 2022.

CONSELHO Nacional de Justiça – CNJ. **Relatório Justiça em Números 2019**. Brasília: CNJ, 2019.

CONSELHO Nacional de Justiça – CNJ. **Relatório Justiça em Números 2021**. Brasília: CNJ, 2021.

CONTAGEM. **Lei 1.611, de 30 de dezembro de 1983**. Institui o Código Tributário do Município de Contagem. Disponível em: http://www.contagem.mg.gov.br/?legislacao=405740. Acesso em: 13 abr. 2022.

CRUZ E TUCCI, José Rogério. **Tempo e processo**. São Paulo: Revista dos Tribunais, 1997.

DALLARI, Adilson de Abreu. Privatização, eficiência e responsabilidade. *In:* MOREIRA, Diogo de Figueiredo (coord.). **Uma avaliação das técnicas contemporâneas do direito administrativo**: obra em homenagem a Eduardo García de Enterría. Rio de Janeiro: Renovar, 2003.

DANIEL NETO, Carlos Augusto. Meios alternativos de composição de conflitos e sua incidência no âmbito da persecução do crédito tributário. *In*: ARAUJO, Juliana Furtado Costa; CONRADO, Paulo Cesar (coord.). **Inovações na cobrança do crédito tributário**. São Paulo: Thomson Reuters, 2019.

DEL NEGRI, André. **Controle de constitucionalidade no processo legislativo**: teoria da legitimidade democrática. 2. ed. Belo Horizonte: Fórum, 2008.

DIAS, Ronaldo Brêtas de Carvalho. **Responsabilidade do Estado pela função jurisdicional**. Belo Horizonte: Del Rey, 2004.

DINAMARCO, Cândido Rangel. Nasce um novo processo civil. *In:* TEIXEIRA, Sálvio de Figueiredo (coord.). **Reforma do Código de Processo Civil**. São Paulo: Saraiva, 1996.

DONIZETTI, Elpídio. A força dos precedentes no novo Código de Processo Civil. **Revista Direito UNIFACS – Debate Virtual**, Salvador, n. 175, p. 1-30, 2015. Disponível em: https://revistas.unifacs.br/index.php/redu/article/view/3446. Acesso em: 5 abr. 2022.

FANTINI JR., Armênio Gonçalves. **Apresentação Secretaria de Fazenda de Contagem**. [Mensagem pessoal]. Mensagem recebida por: leonardo.rocha@contagem.mg.gov.br em 6 maio 2020.

FERRAZ, Sérgio; DALLARI, Adilson Abreu. **Processo administrativo**. 3. ed. São Paulo: Malheiros, 2012.

FLORES, Jorge Miguel; LINCON, Yessica N. La ejecución fiscal: ley 25.239. **Cuadernos de Derecho Público**, *[s. l.]*, n. 2, 2019. Disponível em: http://revistas.bibdigital.uccor.edu.ar/index.php/CDP/article/view/4292. Acesso em: 20 abr. 2022.

FONSECA, Rafael Campos Soares da; FONSECA, Gabriel Campos Soares da. A legitimidade política da execução fiscal na Justiça Federal brasileira. **Revista Acadêmica da Faculdade de Direito do Recife**, Recife, v. 89, n. 1, p. 30-49, jan./jun. 2017.

FRANCO, Marcelo Veiga. A cobrança extrajudicial de dívida ativa como meio de enfrentamento do "gargalo" das execuções fiscais. **Revista CNJ**, Brasília, v. 3, n. 1, p. 65-73, jan./jun. 2019. Disponível em: https://www.cnj.jus.br/ojs/index.php/revista-cnj/article/view/33/3. Acesso em: 20 abr. 2022.

FRATTARI, Rafhael; ALVES, Vinicius Augustus de Vasconcelos Rezende. A dinâmica da formação, *distinguishing* e *overruling* de precedentes no CPC/2015 e alguns reflexos no direito tributário. *In*: HENRIQUES, Guilherme de Almeida; GODOI, Marciano Seabra de; BONITO, Rafhael Frattari; LOBATO, Valter de Souza (coord.). **Os impactos do novo CPC sobre o processo judicial tributário**. Belo Horizonte: D'Plácido, 2017. v. 2.

FUNDAÇÃO GETULIO VARGAS – FGV. **Relatório ICJ Brasil**, 1. sem. 2017. Disponível em: https://bibliotecadigital.fgv.br/dspace/

bitstream/handle/10438/19034/Relatorio-ICJBrasil_1_sem_2017.pdf?sequence=1&isAllowed=y. Acesso em: 5 abr. 2022.

GABRICH, Frederico de Andrade. Análise estratégica do direito. *In*: GABRICH, Frederico de Andrade (coord.). **Análise estratégica do direito**. Belo Horizonte: Universidade FUMEC, 2010.

GABRICH, Frederico de Andrade. O caráter normativo dos princípios. **Revista Meritum**, Belo Horizonte, v. 2, n. 2, p. 373-408, 2007. Disponível em: http://www.fumec.br/revistas/meritum/article/view/776/620. Acesso em: 23 abr. 2022.

GAMBOGI, Luís Carlos. Direito e utopia: interpretação da jurisdição. **Amagis Jurídica**, Belo Horizonte, ano VIII, v. II, n. 14, p. 83-100, jul./dez. 2016. Disponível em: https://amagis.com.br/arquivos/revista-amagis-juridica. Acesso em: 31 mar. 2022.

GODOI, Marciano Seabra de. Novo Código de Processo Civil e sua normatização sobre precedentes judiciais: possíveis impactos no âmbito das lides tributárias. *In*: HENRIQUES, Guilherme de Almeida; GODOI, Marciano Seabra de; BONITO, Rafhael Frattari; LOBATO, Valter de Souza (coord.). **Os impactos do novo CPC sobre o processo judicial tributário**. Belo Horizonte: D'Plácido, 2016.

GODOY, Arnaldo Sampaio de Moraes. **A execução administrativa no direito tributário comparado**. Belo Horizonte: Fórum, 2009.

GOMES, Eduardo de Paiva. O conceito de sanção política delineado pela jurisprudência do STF: uma análise crítica do instituto da averbação pré-executória previsto no artigo 20-B da Lei 10.522/2002. *In*: ARAUJO, Juliana Furtado Costa; CONRADO, Paulo Cesar (coord.). **Inovações na cobrança do crédito tributário**. São Paulo: Revista dos Tribunais, 2019.

GOMES, Luiz Flávio. **A dimensão da magistratura**: no Estado constitucional e democrático de direito: independência funcional: controle judiciário, legitimação da jurisdição, politização e responsabilidade do juiz. São Paulo: Revista dos Tribunais, 1997.

GOUVEA, Marcus de Freitas. Crítica da execução fiscal como meio de cobrança do crédito público em massa: horizontes, aperfeiçoamento e alternativas. **Revista da AGU**, Brasília, v. 17, n. 3, p. 233-260, jul./set. 2018.

GRECO, Maurício. Conteúdo digital dobra a cada dois anos no mundo. **Exame**, São Paulo, 9 abr. 2014. Disponível em: https://exame.abril.com.br/tecnologia/conteudo-digital-dobra-a-cada-dois-anos-no-mundo/. Acesso em: 15 abr. 2022.

Iberoamérica. **Revista de Administración Tributaria CIAT,** Panamá, n. 22, dec. 2002. Disponível em: https://www.ciat.org/Biblioteca/Revista/Revista_22/xv_articulo_fondo_junquera.pdf. Acesso em: 20 mar. 2022.

INSTITUTO Brasileiro de Planejamento Tributário – IBPT. **Brasileiro trabalha 153 dias por ano para pagar impostos**. Curitiba, 4 jun. 2018. Disponível em: https://ibpt.com.br/noticia/2644/BRASILEIRO-TRABALHA-153-DIAS-POR-ANO-PARA-PAGAR-IMPOSTOS. Acesso em: 28 mar. 2022.

INSTITUTO Brasileiro de Planejamento Tributário – IBPT. **Cálculo do IRBES**. Maio 2015. Disponível em: http://ibpt.impostometro.s3.amazonaws.com/Arquivos/06%2BIRBES%2B2015.pdf. Acesso em: 21 abr. 2022.

INSTITUTO DE PESQUISAS ECONÔMICAS APLICADAS – IPEA. **Custo e tempo do processo de execução fiscal promovido pela Procuradoria Geral da Fazenda Nacional**. Comunicado 127, de 4 jan. 2012. Disponível em: https://www.ipea.gov.br/portal/images/stories/PDFs/comunicado/120103_comunicadoipea127.pdf. Acesso em: 13 abr. 2022.

LEAL, Rogério Gesta. Fundamentos interlocutivos da boa administração pública: algumas matrizes reflexivas. **Revista Direito e Justiça: Reflexões Sociojurídicas**, v. 14, n. 22, p. 19-36, abr. 2014. Disponível em: http://srvapp2s.santoangelo.uri.br/seer/index.php/direito_e_justica/article/view/1407/630. Acesso em: 12 abr. 2022.

MACHADO SEGUNDO, Hugo de Brito. **Processo tributário**. 7. ed. São Paulo: Atlas, 2014.

MARINONI, Luiz Guilherme. **Precedentes obrigatórios**. 4. ed. São Paulo: Revista dos Tribunais, 2016.

MARINS, James. **Direito processual tributário brasileiro**: administrativo e judicial. 9. ed. São Paulo: Revista dos Tribunais, 2016.

MARTINS, Marcelo Guerra. Paradoxos do ambiente institucional tributário brasileiro: texto legal *versus* sua aplicação no campo das execuções fiscais. **Revista da Faculdade de Direito da Universidade de São Paulo**, São Paulo, v. 109, p. 561-594, jan./dez. 2014. Disponível em: http://www.revistas.usp.br/rfdusp/article/view/89245. Acesso em: 15 abr. 2022.

MELO FILHO, João Aurino de. Sistemas de cobrança executiva da obrigação tributária no direito comparado: execução fiscal administrativa como modelo moderno de cobrança da administração tributária de massas. **Revista Justiça Fiscal**, Brasília, ano 8, n. 29, p. 33-49, jan./abr.

2017. Disponível em: http://www.sinprofaz.org.br/2014/publicacao.php?id=revista-justica-fiscal-29&arquivo=/images/stories/pdfs/revistas/revista-justica-fiscal-29.pdf&titpub=Revista%20Justi%C3%A7a%20Fiscal%20-%2029%C2%AA%20Edi%C3%A7%C3%A3o&ml=5&mlt=system&tmpl=component. Acesso em: 21 mar. 2022.

MELO, João Paulo Fanucchi de Almeida. **Princípio da capacidade contributiva**: a sua aplicação nos casos concretos. São Paulo: Quartier Latin, 2012.

MELO, Luciana Grassano de Gouvêa. Relação jurídica-tributária: em busca do equilíbrio entre a eficiência da administração tributária e a proteção dos direitos individuais. **Revista Acadêmica da Faculdade de Direito do Recife**, Recife, v. 86, n. 2, p. 244-253, jul./dez. 2014.

MESQUITA, Glauber; FRATTARI, Rafhael. Averbação pré-executiva: breve análise. *In*: HENRIQUES, Guilherme de Almeida; GODOI, Marciano Seabra de; BONITO, Rafhael Frattari; LOBATO, Valter de Souza (coord.). **Os impactos do novo CPC sobre o processo judicial tributário**. Belo Horizonte: D'Plácido, 2018. v. 3.

MINAS GERAIS vai desistir de ações de execução fiscal até R$ 35 mil. **Conjur**, 18 maio 2015. Disponível em: https://www.conjur.com.br/2015-mai-18/mg-desistir-acoes-execucao-fiscal-35-mil. Acesso em: 23 abr. 2022.

MINAS GERAIS. **Decreto 45.989, de 13 de junho de 2012**. Dispõe sobre o não ajuizamento de execução fiscal e a instituição de novas formas de cobrança dos créditos do Estado e de suas autarquias e fundações. Disponível em: http://www.fazenda.mg.gov.br/empresas/legislacao_tributaria/decretos/2012/d45989_2012.html. Acesso em: 12 abr. 2022.

MINISTÉRIO DA JUSTIÇA. **Estudo sobre execuções fiscais no Brasil**. São Paulo, 2007. Disponível em: http://heltonkramer.com/wp-content/uploads/2015/11/Minist%C3%A9rio-da-Justi%C3%A7a-Secretaria-de-Reforma-do-Judici%C3%A1rio-Estudo-sobre-Execu%C3%A7%C3%B5es-Fiscais-no-Brasil1.pdf. Acesso em: 13 abr. 2022.

MORAIS, Reinaldo Carvalho de; BATISTA JÚNIOR, Onofre Alves; DA SILVA, Priscilla Guedes Castilho; PALOTTI, Pedro Lucas de Moura. Pagando para receber? Subsídios para uma política de cobrança da dívida ativa no setor público: resultados de pesquisa sobre o custo médio de cobrança de uma execução fiscal em Minas Gerais. **Direito Público: Revista Jurídica da Advocacia-Geral do Estado de Minas Gerais**, Belo Horizonte, v. 5, n. 1/2, p. 65-93, jan./dez. 2008.

MURPHY, Liam; NAGEL, Thomas. **O mito da propriedade**. Tradução de Marcelo Brandão Cipolla. São Paulo: Martins Fontes, 2005. Disponível em: https://www.passeidireto.com/arquivo/20963450/o-mito-da-propriedade-os-impostos-e-a-justica-murphy-liam-nagel-thomas. Acesso em: 11 abr. 2022.

MUZZI FILHO, Carlos Victor; GONÇALVES, Antonieta Caetano; QUADROS, Aparecida Dutra de Barros. O princípio da (in)eficiência no controle dos reiterados programas de refinanciamentos de débitos tributários federais ("refis"). **Revista da Faculdade de Direito do Sul de Minas**, Pouso Alegre, v. 34, n. 2, p. 357-374, jun./dez. 2018. Disponível em: fdsm.edu.br/adm/artigos/c6a929bc49feb0b933ea7971e441a8eb.pdf. Acesso em: 25 mar. 2022.

NABAIS, José Cassalta. **O dever fundamental de pagar impostos.** Coimbra: Almedina, 1998.

NERY JUNIOR, Nelson. **Princípios do processo na Constituição Federal**. 12. ed. São Paulo: Revista dos Tribunais, 2016.

NERY, Ana Rita de Figueiredo. **A causa do contrato administrativo**: análise do conteúdo contratual como parâmetro de aplicação do princípio da eficiência. Rio de Janeiro: Lumen Juris, 2011.

NICOLITT, André. **A duração razoável do processo**. 2. ed. São Paulo: Revista dos Tribunais, 2014.

OLIVEIRA, Rafael Albuquerque Gomes de. **O esgotamento do modelo judicial de cobrança de créditos da Fazenda Pública**: a experiência adotada no Município de Manaus a partir dos mecanismos extrajudiciais de solução de conflitos. Dissertação (Mestrado em Direito) – Programa de Pós-Graduação em Direito, Fundação Getulio Vargas, São Paulo, 2017. Disponível em: https://acervodigital.ufpr.br/handle/1884/427 http://bibliotecadigital.fgv.br/dspace/handle/10438/28496. Acesso em: 15 abr. 2022.

PASSOS FILHO, Everaldo Souza (Procurador da Fazenda Nacional e Coordenador de Acompanhamento e Controle Gerencial da Dívida Ativa da União). **Entrevista via Google Meet**. Entrevistador: Leonardo Brandão Rocha. Belo Horizonte, 2020b.

PASSOS FILHO, Everaldo Souza. **Apresentações PGFN**. [Mensagem pessoal]. Mensagem recebida por: leonardo.rocha@contagem.mg.gov.br em 3 set. 2020a.

PEREIRA, Josias. Acerto destrinchado. **O Tempo**, Belo Horizonte, 29 out. 2020. Disponível em: https://www.otempo.com.br/superfc/cruzeiro/acordo-do-cruzeiro-vira-exemplo-mas-responsavel-defende-pertinencia-do-profut-1.2405483. Acesso em: 29 mar. 2022.

PEREIRA, Ricardo Utrabo. **O dever fundamental de pagar tributos e a sua relevância para o Estado Democrático de Direito**. Dissertação (Mestrado em Ciência Jurídica) – Programa de Pós-Graduação em Ciência Jurídica, Universidade Estadual do Norte do Paraná, Jacarezinho, 2018. Disponível em: uenp.edu.br/pos-direito-teses-dissertacoes-defendidas/direito-dissertacoes/11014-ricardo-utrabo-pereira/file. Acesso em: 20 abr. 2022.

PERÚ. **Decreto Supremo 133-2013-E, de 22 de junio de 2013**. Decreto Supremo que aprueba el texto único ordenado del Código Tributario. Disponível em: http://www.sunat.gob.pe/legislacion/codigo/. Acesso em: 15 mar. 2022.

PIERONI, Fabrizio de Lima. A transação tributária é uma relação de "ganha-ganha". **Conjur**, 14 set. 2020. Disponível em: https://www.conjur.com.br/2020-set-14/pieroni-transacao-tributaria-relacao-ganha-ganha. Acesso em: 22 abr. 2022.

PIMENTEL, Sílvia. **Dívida ativa dos Estados**. Ministério da Economia, 2018. Disponível em: fazenda.gov.br/acesso-a-informacao/acoes-e-programas/pnafm/avisos-e-comunicados/2018/divida-ativa-dos-municipios. Acesso em: 27 mar. 2022.

POLO, Marcelo. A transação no contexto da cobrança do crédito tributário: possibilidades e limites. **Revista Justiça Fiscal**, Brasília, ano 8, n. 30, p. 30-43, ago. 2017. Disponível em: http://www.sinprofaz.org.br/2014/publicacao.php?id=revista-justica-fiscal-30&arquivo=/images/stories/pdfs/revistas/revista-justica-fiscal-30.pdf&titpub=Revista%20Justi%C3%A7a%20Fiscal%20-%2030%C2%AA%20Edi%C3%A7%C3%A3o&ml=5&mlt=system&tmpl=component. Acesso em: 20 abr. 2022.

POUND, Roscoe. **The spirit of the common law**. Boston: Marshall Jones Company, 1921. Disponível em: https://digitalcommons.unl.edu/cgi/viewcontent.cgi?article=1000&context=lawfacpub. Acesso em: 21 abr. 2022.

PROCURADORIA-Geral da Fazenda Nacional – PGFN. **Ofício 624/PGFN-PG, de 14 de março de 2007**. Disponível em: http://www.fazenda.gov.br/noticias/2007/r150307d-oficio-624-PGFN.pdf/view. Acesso em: 20 abr. 2022.

PROCURADORIA-Geral da Fazenda Nacional – PGFN. **PGFN e Cruzeiro Esporte Clube formalizam acordo de transação no valor de R$ 334 milhões**. 2020. Disponível em: https://www.gov.br/pgfn/pt-br/assuntos/noticias/pgfn-e-cruzeiro-esporte-clube-formalizam-acordo-de-transacao-no-valor-de-r-334-milhoes. Acesso em: 24 abr. 2022.

PROCURADORIA-Geral da Fazenda Nacional – PGFN. **PGFN em Números 2018**. PGFN, 2018.

PROCURADORIA-Geral da Fazenda Nacional - PGFN. **PGFN em Números 2019**. PGFN, 2019.

PROCURADORIA-Geral da Fazenda Nacional - PGFN. **PGFN em Números 2020**. PGFN, 2020a.

PROCURADORIA-Geral da Fazenda Nacional - PGFN. **PGFN em Números 2021**. PGFN, 2021.

PROCURADORIA-Geral da Fazenda Nacional - PGFN. **Portaria 33, de 8 de fevereiro de 2018**. Regulamenta os arts. 20-B e 20-C da Lei nº 10.522, de 19 de julho de 2002 e disciplina os procedimentos para o encaminhamento de débitos para fins de inscrição em dívida ativa da União, bem como estabelece os critérios para apresentação de pedidos de revisão de dívida inscrita, para oferta antecipada de bens e direitos à penhora e para o ajuizamento seletivo de execuções fiscais. PGFN, 2018a.

PROCURADORIA-Geral da Fazenda Nacional - PGFN. **Portaria 396, de 20 de abril de 2016**. 2016. Regulamenta, no âmbito da Procuradoria-Geral da Fazenda Nacional, o Regime Diferenciado de Cobrança de Créditos - RDCC.

PROCURADORIA-Geral da Fazenda Nacional - PGFN. **Portaria 429, de 4 de junho de 2014**. Disciplina a utilização do protesto extrajudicial por falta de pagamento de certidões de dívida ativa da União ou do Fundo de Garantia do Tempo de Serviço - FGTS de responsabilidade da Procuradoria-Geral da Fazenda Nacional - PGFN.

PROCURADORIA-Geral da Fazenda Nacional - PGFN. **Portaria 693, de 30 de setembro de 2015**. Altera a Portaria PGFN nº 429, de 4 de junho de 2014, que disciplina a utilização do protesto extrajudicial por falta de pagamento de certidões de dívida ativa da União ou do Fundo de Garantia do Tempo de Serviço - FGTS de responsabilidade da Procuradoria-Geral da Fazenda Nacional - PGFN.

PROCURADORIA-Geral da Fazenda Nacional - PGFN. **Portaria 75, de 22 de março de 2012**. Dispõe sobre a inscrição de débitos na Dívida Ativa da União e o ajuizamento de execuções fiscais pela Procuradoria-Geral da Fazenda Nacional.

PROCURADORIA-Geral da Fazenda Nacional - PGFN. **Portaria 9.917, de 14 de abril de 2020**. 2020b. Regulamenta a transação na cobrança da dívida ativa da União.

PROCURADORIA-Geral da Fazenda Nacional - PGFN. **Protesto de CDAs possui taxa de recuperação de 19%**. 2016. 2016a. Disponível em: pgfn.fazenda.gov.br/noticias/2016/protesto-de-cdas-possui-taxa-de-recuperacao-de-19. Acesso em: 13 abr. 2022.

PUGLIESE, William Soares. **Teoria dos precedentes e interpretação legislativa.** Dissertação (Mestrado em Direito). Programa de Pós-Graduação em Direito, Universidade Federal do Paraná, Curitiba, 2011. Disponível em: https://acervodigital.ufpr.br/handle/1884/32233. Acesso em: 17 mar. 2022.

QUEIROZ E SILVA, Jules Michelet Pereira. **Execução fiscal**: eficiência e experiência comparada. Câmara dos Deputados, jul. 2016. Disponível em: https://www2.camara.leg.br/atividade-legislativa/estudos-e-notas-tecnicas/publicacoes-da-consultoria-legislativa/areas-da-conle/tema20/2016_12023_execucao-fiscal-eficiencia-e-experiencia-comparada_jules-michelet. Acesso em: 30 mar. 2022.

RIBEIRO, Diogo Loureiro. O dever fundamental de pagar tributos no direito brasileiro. *In*: **XXVIII Congresso do Conpedi**. Goiânia: CONPEDI, 2019. Disponível em: http://conpedi.danilolr.info/publicacoes/no85g2cd/3ttvu438/r5k528SGRlaknilL.pdf. Acesso em: 10 abr. 2022.

RIBEIRO, Fernanda Prata Moreira; MACHADO, Leonardo Resende Alvim. As alterações da Lei nº 13.606/2018 e os seus impactos na ordem processual tributária. *In*: HENRIQUES, Guilherme de Almeida; GODOI, Marciano Seabra de; BONITO, Rafhael Frattari; LOBATO, Valter de Souza (coord.). **Os impactos do novo CPC sobre o processo judicial tributário.** Belo Horizonte: D'Plácido, 2018. v. 3.

RIO DE JANEIRO. **Dívida ativa protesta débitos de contribuintes.** Procuradoria-Geral do Município, 2018. Disponível em: rio.rj.gov.br/web/pgm/exibeconteudo?id=7989332. Acesso em: 25 abr. 2022.

ROCHA, Cármen Lúcia Antunes. Sobre a súmula vinculante. **Boletim de Direito Administrativo**, São Paulo, v. 6, n. 9, p. 640-652, set. 2000. Disponível em: https://www2.senado.leg.br/bdsf/handle/id/193. Acesso em: 13 abr. 2022.

ROESEL, Claudiane Aquino; FERREIRA, Flávia de Freitas. A tributação como instrumento de justiça social. **Revista Meritum**, Belo Horizonte, v. 12, n. 1, p. 196-210, jan./jun. 2017. Disponível em: http://www.fumec.br/revistas/meritum/article/view/5216/pdf. Acesso em: 20 abr. 2022.

ROSA, Viviane Lemes da. **O sistema de precedentes brasileiro.** Dissertação (Mestrado em Direito) – Programa de Pós-Graduação em Direito, Universidade Federal do Paraná, Curitiba, 2016. Disponível em: https://acervodigital.ufpr.br/handle/1884/42715. Acesso em: 5 mar. 2022.

SCHAUER, Frederick. **Precedent.** 2011. Disponível em: https://edisciplinas.usp.br/pluginfile.php/4213562/mod_resource/content/1/SCHAUER%20Precedent.pdf. Acesso em: 8 mar. 2022.

SILVA, Paulo Roberto Coimbra. A utilização do tributo como instrumento de políticas públicas. *In*: MANEIRA, Eduardo; TAVEIRA, Heleno (coord.). **Direito tributário e a Constituição**: homenagem ao Prof. Sacha Calmon Navarro Coêlho. São Paulo: Quartier Latin, 2012.

STRECK, Lenio Luiz. Entre o ativismo e a judicialização da política: a difícil concretização do direito fundamental a uma decisão judicial constitucionalmente adequada. **Espaço Jurídico: Journal of Law**, v. 17, n. 3, 2016. Disponível em: https://portalperiodicos.unoesc.edu.br/espacojuridico/article/view/12206. Acesso em: 28 mar. 2022.

SUNSTEIN, Cass R.; ULLMANN-MARGALIT, Edna. Second-order decisions. *In*: SUNSTEIN, Cass R. (ed.). **Behavioral law and economics**. New York: Cambridge University Press, 2000.

THEODORO JÚNIOR, Humberto. Celeridade e efetividade da prestação jurisdicional: insuficiência da reforma das leis processuais. **Revista Síntese de Direito Civil e Processo Civil**, Porto Alegre, v. 6, n. 36, p. 19-37, jul./ago. 2005. Disponível em: https://bdjur.tjdft.jus.br/xmlui/handle/tjdft/26733. Acesso em: 7 abr. 2022.

TORRES, Heleno Taveira. Reforma tributária infraconstitucional precisa avançar. **Conjur**, 5 jun. 2019. Disponível em: https://www.conjur.com.br/2019-jun-05/consultor-tributario-reforma-tributaria-infraconstitucional-avancar. Acesso em: 28 mar. 2022.

VARELA, Raul Junquera. Sistemas tributarios y administración tributaria en VELLOSO, Carlos Mário da Silva. Do Poder Judiciário: como torná-lo mais ágil e dinâmico. Efeito vinculante e outros temas. **Revista de Informação Legislativa**, Rio de janeiro, v. 35, n. 138, p. 75-87, abr./jun. 1998. Disponível em: https://www2.senado.leg.br/bdsf/handle/id/368. Acesso em: 5 abr. 2022.

ZANETI JR., Hermes. Precedentes normativos formalmente vinculantes: a formação das fontes jurisprudenciais. **Cuadernos Jurídicos Ius Et Tribunalis**, Huancayo, ano 1, n. 1, p. 31-49, ene./dec. 2015.